T0131824

essentials

essentials liefern aktuelles Wissen in konzentrierter Form. Die Essenz dessen, worauf es als „State-of-the-Art" in der gegenwärtigen Fachdiskussion oder in der Praxis ankommt. *essentials* informieren schnell, unkompliziert und verständlich

- als Einführung in ein aktuelles Thema aus Ihrem Fachgebiet
- als Einstieg in ein für Sie noch unbekanntes Themenfeld
- als Einblick, um zum Thema mitreden zu können

Die Bücher in elektronischer und gedruckter Form bringen das Fachwissen von Springerautor*innen kompakt zur Darstellung. Sie sind besonders für die Nutzung als eBook auf Tablet-PCs, eBook-Readern und Smartphones geeignet. *essentials* sind Wissensbausteine aus den Wirtschafts-, Sozial- und Geisteswissenschaften, aus Technik und Naturwissenschaften sowie aus Medizin, Psychologie und Gesundheitsberufen. Von renommierten Autor*innen aller Springer-Verlagsmarken.

Weitere Bände in der Reihe https://link.springer.com/bookseries/13088

Alireza Darvishy · Hans-Peter Hutter ·
Alexander Seifert

Altersgerechte digitale Kanäle

Webseiten und mobile Apps

Alireza Darvishy
InIT Institut für angewandte
Informationstechnologie
ZHAW SoE
Winterthur, Schweiz

Hans-Peter Hutter
InIT Institut für angewandte
Informationstechnologie
ZHAW SoE
Winterthur, Schweiz

Alexander Seifert
Zentrum für Gerontologie
Universität Zürich
Zürich, Schweiz

ISSN 2197-6708 ISSN 2197-6716 (electronic)
essentials
ISBN 978-3-658-35500-5 ISBN 978-3-658-35501-2 (eBook)
https://doi.org/10.1007/978-3-658-35501-2

Die Deutsche Nationalbibliothek verzeichnet diese Publikation in der Deutschen Nationalbiblio-
grafie; detaillierte bibliografische Daten sind im Internet über http://dnb.d-nb.de abrufbar.

Planung/Lektorat: Dr. Axel Garbers
Springer Vieweg ist ein Imprint der eingetragenen Gesellschaft Springer Fachmedien Wiesbaden
GmbH und ist ein Teil von Springer Nature.
Die Anschrift der Gesellschaft ist: Abraham-Lincoln-Str. 46, 65189 Wiesbaden, Germany

Was Sie in diesem *essential* finden können

- Altersspezifische Besonderheiten und Schwierigkeiten bei der Nutzung von Webseiten und mobilen Applikationen
- Empfehlungen zur Umsetzung von Webseiten und mobilen Applikationen

Vorwort

Kinder brauchen keine schriftlichen Anleitungen zum Gebrauch ihrer Handys. Sie benützen diese einfach, und wenn sie Hilfe benötigen, fragen sie Kolleginnen und Kollegen.

Ein solches Vorgehen ist älteren Menschen völlig fremd und dies aus vielen Gründen:

- Sie sind der Welt des Computers und der Informatik nicht schon in ihrer Schulzeit begegnet, sondern meist erst im Laufe ihres Berufslebens als Anwender.
- Dabei haben sie je nach Tätigkeitsbereich eine mehr oder auch weniger systematische Anleitung erhalten, für ihr damaliges Arbeitsgebiet und ihre damalige Computerumgebung.
- Die Computerwelt ändert sich rasch. Geräte und Programme müssen immer wieder erneuert werden, schon nach ein paar Jahren, bei Programmversionen noch rascher. Und es kommen laufend neue Angebote dazu.
- Aber nicht nur Angebote, sondern auch Gaunereien (Darknet, Ransomware, etc.) sowie Vorschriften und Abhängigkeiten wachsen ständig.

Die Informatikwelt ist inzwischen zu einem der ganz grossen, globalen Wirtschaftsbereiche geworden. Auch ältere Menschen sollten sich darin bewegen können. Sie tun das vorsichtiger als jüngere, aber sie sollten das angstfrei tun können. Dafür braucht es die Kenntnis einfacher Regeln, wie Verkehrsregeln im Strassenverkehr. Solche Regeln bilden den Kern der vorliegenden Schrift, die nun in überarbeiteter neuer Auflage vorliegt.

Diese Schrift wendet sich aber nicht primär an ältere Menschen, sondern an jene, welche älteren Menschen helfen wollen und können. Sie tun das in

ganz unterschiedlichen Rollen. Zunächst sind es Entwickler/innen von Webauf-
tritten und mobilen Applikationen. Und zwar nicht für jene, welche speziell für
ältere oder Personen mit einer Behinderung Spezialsoftware entwickeln, sondern insbesondere auch jene, die für allgemeine Nutzende entwickeln und daher
die besonderen Anliegen von älteren Menschen mitbeachten müssen. Angesprochen sind aber namentlich auch die Auftraggeber/innen für die Entwicklung von
Applikationen, damit die Seniorinnen und Senioren nicht vergessen werden.

Diese Broschüre soll dazu beitragen, dass im heutigen Alltag von Seniorinnen und Senioren nicht nur deren Wohn- und Arbeitsräume, sondern auch die
wachsende Informatikwelt barrierefrei gestaltet werden.

Zürich   Carl August Zehnder
im Juli 2021   em. Professor für Informatik, ETH Zürich

Inhaltsverzeichnis

Einführung 1

Im Zeitalter der Informationsgesellschaft werden immer mehr digitale Dienstleistungen angeboten, die zunehmend auch von älteren Menschen (ab 65 Jahren) genutzt werden. Ihre barrierefreie Nutzung setzt aber voraus, dass die Bedürfnisse dieser Zielgruppe bei der Entwicklung von Webseiten und mobilen Applikationen schon frühzeitig mitberücksichtigt werden, und zwar sowohl durch die Auftraggeberinnen und Auftraggeber als auch durch die Entwicklerinnen und Entwickler. Deshalb kommt der Sensibilisierung der beteiligten Akteure eine zentrale Bedeutung zu. Die in diesem Buch präsentierten Empfehlungen sollen ihnen helfen, unnötige Nutzungsbarrieren zu vermeiden oder zu beseitigen.

Dieses Buch richtet sich nicht nur an Personen, die Applikationen und Webseiten in Auftrag geben, solche konzipieren, designen oder entwickeln, sondern auch an alle, die sich für altersgerechte mobile Applikationen und Webseiten interessieren. Das Buch führt vom Überblick ins Detail. Es skizziert einleitend die Nutzung des Internets und der Applikationen durch ältere Menschen und gibt eine kurze Einführung in die altersbedingten Einschränkungen, mit denen alternde Menschen häufig konfrontiert sind. Dabei werden mögliche altersrelevante Problemkreise und deren Auswirkungen auf die Nutzung von Webinhalten sowie Applikationen kurz angesprochen.

Danach behandelt das Buch die altersgerechte Gestaltung von Webseiten im Teil 2. Es werden die neun wichtigsten Bereiche für die altersgerechte Webseitengestaltung behandelt, wobei neben den klassischen Web-Browsern auch mobile Web-Browser berücksichtigt werden. Dabei werden sowohl klassische Interaktionen als auch touchbasierte Interaktionen berücksichtigt.

Im dritten Teil geht das Buch auf zehn wichtige Bereiche der Gestaltung von altersgerechten mobilen Applikationen ein. Die hier aufgeführten Empfehlungen

A. Darvishy et al., *Altersgerechte digitale Kanäle*, essentials, https://doi.org/10.1007/978-3-658-35501-2_1

für mobile Applikationen gelten gleichermassen für native mobile Applikationen als auch für mobile Web-Applikationen.

Die Prinzipien im zweiten und dritten Teil wenden sich primär an Auftraggeberinnen und -geber von Web- oder Applikationsauftritten, während Fachpersonen aus Webdesign, -entwicklung und Applikationsentwicklung in den Checklisten auch konkrete Hinweise zur Umsetzung der Empfehlungen finden. Im vierten Teil werden diese Empfehlungen und Hinweise zur Umsetzung für die Gestaltung von Webseiten und mobilen Applikationen zusammengefasst.

Dieses Buch soll dazu beitragen, dass im heutigen Alltag von Seniorinnen und Senioren nicht nur Wohn- und Aussenräume, sondern auch virtuelle Räume zunehmend barrierefrei gestaltet werden.

1.1 Nutzung von Webseiten und mobilen Endgeräten – Altersspezifische Besonderheiten und Schwierigkeiten

Technische Geräte gehören seit jeher zum Alltag der Menschen. Dennoch zeigt sich, dass gerade ältere Personen seltener als jüngere neuere technische Geräte benutzen, insbesondere jene aus dem Bereich der Informations- und Kommunikationstechnologien. Jüngere Menschen leben heute ganz selbstverständlich in einer digitalisierten Lebenswelt, was mit einer intensiven Nutzung des Computers, des Smartphones und des Internets einhergeht. Anders ist es bei älteren Personen, die mit diesen Technologien nicht gross geworden sind und somit weniger Berührungspunkte damit haben. Oftmals fehlen ihnen die nötigen Technikkompetenzen oder sie sehen keinen direkten Vorteil im Erlernen des Umgangs mit diesen für sie neuen technischen Geräten.

Im Alter kann sich die körperliche Funktionsfähigkeit verändern und die Nutzung von Technik eingeschränkt bzw. erschwert sein (siehe Tab. 1.1). So können altersbedingte körperliche Beeinträchtigungen (z. B. Seh- oder Höreinbussen oder taktile Einschränkungen) oder kognitive Defizite z. B. die Nutzung des Computers erschweren. Darüber hinaus können auch sozioökonomische Ressourcen eine Rolle spielen, wenn z. B. ein Internetanschluss aufgrund geringer finanzieller Mittel im Rentenalter nicht finanziert werden kann. Ausserdem können personenbezogene Hemmnisse bestehen, wenn z. B. technische Herausforderungen Angst machen. Wird die Lerndynamik bei älteren Menschen berücksichtigt, bedeuten die technologischen Veränderungen nicht nur ein „Neuerlernen" im Alter, sondern zudem ein „Erlernen" unter erschwerten kognitiven Bedingungen. Dies führt dazu, dass neue Verhaltensweisen zeitintensiv neu erlernt werden müssen, wobei zudem häufig die Motivation für eine Auseinandersetzung mit der neuen Technik fehlt, da sich die Personen zum Teil sagen: „Es lohnt sich ja nicht mehr in meinem Alter." Da neue technische Lösungen in der Nachberufsphase nicht mehr z. B. für den Beruf erlernt werden müssen, besteht eine „freiwillige Nutzung" von Technik; daher muss eine Technologie einen klaren Nutzen (Mehrwert zu klassischen Zugängen wie z. B. das Zugticket am Bahnschalter kaufen) für die einzelne Person darstellen, damit sie sich die neue Technologie (z. B. das Bahnticket über eine App kaufen) aneignet.

Neben den möglichen altersbedingten Beeinträchtigungen sollte beim Thema Technikakzeptanz auch die biografische Technikerfahrung berücksichtigt werden. Da jede Generation mit unterschiedlichen technischen Geräten sozialisiert wurde, können – je nach Geburtskohorte – verschiedene Technikgenerationen voneinander abgegrenzt werden. Heutige ältere Menschen wurden in ihrer Jugend eher durch analoge Massenmedien wie den Fernseher und das Radio sozialisiert; sie haben den Computer oder das Mobiltelefon erst als Erwachsene und das Tablet erst im höheren Alter kennengelernt.

Aufgrund dieser nutzerseitigen Einschränkungen entstehen häufig Barrieren auf der Angebotsseite. So sollten Anbieterinnen und Anbieter von Informationen, z. B. Gesundheitsinformationen, auf ihren Webseiten die Inhalte so aufbereiten, dass auch ältere Menschen diese Seiten problemlos nutzen können. Diese älteren Nutzenden sollten schon bei der Entwicklung neuer technischer Lösungen berücksichtigt werden.

Da bei den meisten Menschen die altersbedingten sensorischen Beeinträchtigungen schleichend zunehmen, sind sie kaum bereit, zusätzliche Hard- oder Software (z. B. Screen-Reader) zu installieren, wie dies Menschen mit Behinderungen tun. Stattdessen benutzen sie ausschliesslich die Hilfestellungen, die das Betriebssystem, der Browser oder eine mobile Applikation selbst anbietet, sofern diese für sie zugänglich und einfach zu bedienen sind. Falls diese Hilfestellungen ungenügend oder Teile von Web- oder Applikationsauftritten wegen der altersbedingten Einschränkungen überhaupt nicht mehr zugänglich sind, tendieren ältere Menschen schneller als Jüngere dazu, auf das betreffende Angebot ganz zu verzichten. Es ist daher für Web- und Applikationsanbieterinnen und -anbieter wichtig, auf die Erwartungen und Bedürfnisse der älteren Generation aktiv einzugehen und die notwendigen Hilfestellungen anzubieten, wenn sie diese stetig wachsende Zielgruppe nicht verlieren wollen.

Tab. 1.1 Mögliche alterskorrelierte Einschränkungen und deren potenzielle Auswirkungen auf Nutzung von Webseiten und mobilen Applikationen

Einschränkung	Auswirkung auf die Nutzung von Webseiten und mobilen Applikationen
Visuell	
Fokussierung	• Zunehmende Schwierigkeit, sich auf schnell bewegende Objekte zu fokussieren.
Hell-Dunkel-Adaption	• Die Hell-Dunkel-Anpassung nimmt ab. Verstärkte Blendempfindlichkeit. • Dieses Problem tritt verstärkt auf bei mobilen Applikationen und beim mobilen Browsen.
Farbwahrnehmung	• Schwierigkeiten bei Farbunterscheidung im Grün-Blau-Violett-Bereich.
Textwahrnehmung	• Schriftgrössen kleiner als 12 Punkte ohne Vergrösserung schwer lesbar.
Auditiv	• Eingeschränkte Frequenzwahrnehmung.
Taktil	• Eingeschränkte Geschicklichkeit und Feinmotorik erschweren Mausnutzung und das Anklicken von kleinen Symbolen. • Dies gilt besonders für kleine Bildschirme (Smartphone). Bei Touch-Display fehlt zudem das haptische Feedback.
Kognitiv	
Reaktionszeit	• Mehr Zeit zum Erfassen von Informationen notwendig. Schwierigkeiten bei multiplen Aufgaben.
Lernvermögen	• Verlangsamung bei Aufnahme neuer Informationen und beim Abrufen von gelerntem Wissen.
Konzentration	• Schwierigkeiten, irrelevante Stimuli zu ignorieren (z. B. durch Pop-ups, Animation). • Bei mobiler Interaktion kann die Benutzerin oder der Benutzer zudem nur teil- und zeitweise ihre oder seine volle Konzentration der Interaktion widmen.
Ökonomische Ressourcen	• Einigen älteren Menschen fehlen zum Teil die finanziellen Mittel für den Erwerb eines mobilen Endgerätes oder eines Laptops.
Soziale Ressourcen	• Fehlende Unterstützung aus dem sozialen Umfeld für das Erlernen oder die Nutzung von Webseiten oder mobilen Endgeräten bzw. Apps.

(Fortsetzung)

Tab. 1.1 (Fortsetzung)

Einschränkung	Auswirkung auf die Nutzung von Webseiten und mobilen Applikationen
Technikbiografie	• Ältere Menschen sind weniger mit Smartphones und Tablets oder Laptops in ihrer Jugend oder im Berufsleben sozialisiert worden. Diese Dinge müssen im Alter neu erlernt werden.
Persönliche Einstellungen	
Technikangst	• Aufgrund der geringeren Technikerfahrung zum Teil Angst, neue Techniken anzuwenden; auch Angst, etwas „kaputt zu machen" oder nicht weiterzukommen.
Nutzen	• Ältere Menschen bewerten eine neue Technologie stark nach deren direktem Nutzen für sich selber; demnach müssen Hardware wie Software (Apps) von mobilen Endgeräten den Nutzenerwartungen entsprechen.

Laut einer Studie von Seifert, Ackermann und Schelling (2020)[1] werden von Menschen älter als 65 Jahre folgende Hauptschwierigkeiten im Umgang mit dem Internet angegeben: „zu kompliziert", „Sicherheitsbedenken" und „zu hoher Aufwand beim Erlernen" (siehe Abb. 1.1). Diese Hindernisse beziehen sich zwar auf die Internetnutzung, können aber auch tendenzielle Schwierigkeiten bei der Nutzung von mobilen Applikationen offenlegen. Diese Aspekte sollten bei der Gestaltung einer Webseite oder einer Applikation für ältere Menschen mitberücksichtigt werden.

Die einfache Bedienung ist das wichtigste Merkmal für ältere Personen in Bezug auf Webseiten und noch mehr bezüglich mobiler Applikationen. So wurden die Studienteilnehmerinnen und -teilnehmer in einer anderen Studie (Seifert und Schelling, 2015)[2] gefragt, was ihnen an einem Smartphone sehr wichtig sei (siehe Abb. 1.2). Anhand der Aufstellung wird deutlich, dass ihnen die einfache Bedienung des Smartphones und die Zuverlässigkeit der mobilen Applikationen sehr wichtig sind. Demzufolge sollte nicht nur die Hardware benutzerfreundlich sein, sondern auch die Applikationen auf einem mobilen Endgerät.

---

[1] Seifert, A.; Ackermann, T.; Schelling, H. R. (2020) Digitale Senioren. Zürich: Pro Senectute Verlag.
[2] Seifert, A; Schelling, H. R. (2015) Digitale Senioren. Zürich: Pro Senectute Verlag.

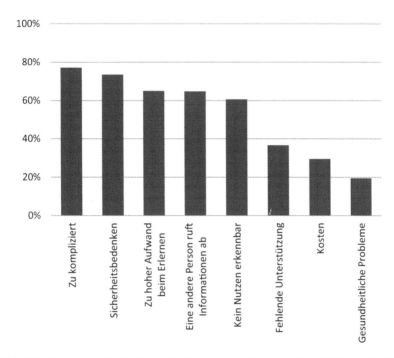

Abb. 1.1 Gründe der Nichtnutzung des Internets von Personen über 65 Jahren (Quelle: Seifert, Ackermann, and Schelling (2020))

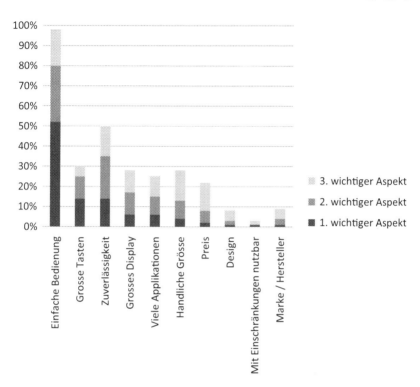

Abb. 1.2   Wichtige Aspekte für Seniorinnen und Senioren bei einem Smartphone (Personen ab 65 Jahren; sortiert nach Häufigkeit des ersten Aspekts). (Quelle: Seifert & Schelling 2015)

Altersgerechte Webseitengestaltung

2

2.1 Hintergrund

Bedeutung und Nutzung moderner Informations- und Kommunikationstechnologien haben in den letzten Jahren stark zugenommen. Informations- und Kommunikationsangebote konzentrieren sich immer mehr auf das Internet. Vergleichszahlen aus der Schweiz seit 1997 zeigen, dass bei der Internetnutzung die Altersgruppen von 50 bis 59 Jahren in diesem Zeitraum einen starken Anstieg auf über 90% aufweisen. Die Internutzung der Altersgruppen von 60 bis 69 Jahren stieg in den letzten 10 Jahren deutlich, sodass nun 80% dieser Gruppe das Internet regelmässig nutzt. Für die Altersgruppe über 70 Jahre hat sich die Internutzung zwar verdoppelt, beträgt Ende 2020 aber immer noch erst 53%. Ältere Menschen sind daher immer noch von einer „digitalen Spaltung" betroffen. Diese Zahlen zeigen andererseits, dass die Internetnutzung auch bei der älteren Generation ansteigt und viele das Internet bereits intensiv nutzen.

Die bevorzugten Anwendungen sind bei älteren Personen: E-Mails senden und empfangen, allgemeine Informationssuche im Web, Suche und Abrufen von Fahrplan- und Reiseinformationen, Informationen über Ämter und Behörden sowie Auskünfte zu Gesundheitsthemen (Seifert, Ackermann und Schelling, 2020)[1]. Die Nutzung von Internet-Banking ist in den letzten Jahren auch deutlich gestiegen. Für diese Anwendungen verwenden ältere Personen eher Computer als mobile Endgeräte.

Um die Bedürfnisse und Anforderungen der Generation 65plus an ein benutzerfreundliches Webdesign genauer untersuchen zu können, wurden für diese

---

[1] Seifert, A.; Ackermann, T.; Schelling, H. R. (2020) Digitale Senioren. Zürich: Pro Senectute Verlag.

A. Darvishy et al., *Altersgerechte digitale Kanäle*, essentials, https://doi.org/10.1007/978-3-658-35501-2_2

9

Studie vier Fokusgruppen mit insgesamt 24 älteren Teilnehmerinnen und Teilnehmern (Durchschnittsalter 73 Jahre), die das Internet regelmässig nutzen, gebildet. Ziel der Fokusgruppen war es, die Sichtweise der älteren Nutzerinnen und Nutzer sowie auftretende Barrieren aufgrund des Webdesigns zu erfassen. Ein wichtiges Ergebnis der Untersuchung war, dass die teilnehmenden Personen grossen Wert auf eine gute Gestaltung der Webseiten legten. So berichteten einige, sie hätten Webseiten wegen einer schlechten Gestaltung oder Navigation nicht wunschgemäss nutzen können.

Im Anschluss an die Gruppeninterviews wurden die Aussagen mit dem gegenwärtigen Stand der Fachliteratur verglichen und innerhalb zweier Expertenrunden (Fachpersonen aus Forschung, Weiterbildungsangeboten und Seniorenorganisationen) diskutiert und ergänzt. Auf Grundlage dieser mehrstufigen Erhebung mit Literaturrecherchen, Anwender-Fokusgruppen und Expertenrunden entstanden die hier vorliegenden Empfehlungen für eine „altersgerechte Webseitengestaltung".

2.2   Besonderheiten von Webnutzung

Aus den Gruppeninterviews mit älteren Benutzerinnen und Benutzern geht hervor, dass diese die normalen Webseiten verwenden möchten und keine gesonderten „seniorengerechten" Webseiten. Eine Etikettierung von Webseiten im Sinne von „speziell für die Alten" sollte daher vermieden werden. Von den Massnahmen, die den Zugang für ältere Menschen erleichtern, profitieren schliesslich alle Webnutzerinnen und -nutzer.

Folgende Punkte sind für eine altersgerechte Webseitengestaltung speziell zu berücksichtigen

Übersichtlichkeit: Bei der Gestaltung von Webseiten sollte auf eine klare, übersichtliche und konsistente Präsentation der Inhalte geachtet werden. Durch unübersichtliche Webseiten können ältere Benutzerinnen und Benutzer schnell überfordert werden, sodass sie diese nicht mehr verwenden können oder wollen.

Fehlertoleranz: Webseiten sollten fehlerhafte Benutzereingaben wenn möglich von vornherein ausschliessen. Falls dies trotzdem passiert, soll die Webseite nachgiebig reagieren und bestmögliche Hilfestellungen zur Behebung der Fehleingabe bereitstellen.

Zielorientierung: Viele ältere Webnutzerinnen und -nutzer suchen Informationen gezielt. Die Mehrheit von ihnen möchte mit möglichst wenigen, klaren Schritten zum Ziel geführt und bei der Suche nicht unnötig abgelenkt werden (z. B. durch Werbung, Pop-up, Animation, Musik).

Berührungsangst: Bei der Zielgruppe der älteren Nutzerinnen und Nutzer sollten Unsicherheiten gegenüber neuen Technologien berücksichtigt werden. Eine tendenzielle Verunsicherung und die Befürchtung, etwas falsch zu machen, können dazu führen, dass Webseiten nicht im vollen Umfang oder gar nicht genutzt werden. Bedienung und Dateneingabe sollten generell intuitiv oder selbsterklärend und die Systemreaktion transparent und vorhersehbar sein.

Sicherheit: Sicherheit im Internet und Datenschutz sind für ältere Nutzerinnen und Nutzer wichtige Themen, da sie Angst vor Datenmissbrauch und allgemein vor Internetkriminalität haben. Sicherheitskritische Anwendungen (z. B. Online-Banking) werden daher oft nur mit grossen Vorbehalten genutzt. Der Webauftritt muss daher einen seriösen Eindruck machen und es muss erkennbar sein, was mit den eigenen Daten geschieht (Transparenz der Datenhaltung).

Mobile Interaktion: Heute werden Webseiten zunehmend von mobilen Geräten aus aufgerufen. Dies erschwert die Interaktion zusätzlich, da nur ein kleiner Bildschirm mit Touch-Interaktion zur Verfügung steht und die Nutzer sich zudem während der Interaktion bewegen.

2.3 Neun Bereiche für eine altersgerechte Webseitengestaltung

Im Folgenden werden neun Bereiche für eine seniorengerechte Webseitengestaltung genauer dargestellt. Jedem Bereich werden auch Empfehlungen zur Umsetzung zugeordnet. Die Reihenfolge der Bereiche ist an sich nicht relevant, jedoch haben die Gespräche in den Fokusgruppen gezeigt, dass die ersten drei der folgenden Aspekte in allen Gruppen als sehr wichtig genannt worden sind:

Bereiche

1. Übersichtlichkeit und Aufbau
2. Benutzerführung und Navigation
3. Text und Sprache (Lesbarkeit)
4. Grafiken, Animation und Multimedia
5. Links
6. Suche
7. Aktualität, Beständigkeit und Robustheit

Bereiche

8. Kontaktinformationen und Hilfestellungen

9. Registrierung und Formulare

2.3.1 Übersichtlichkeit und Aufbau

Die Übersichtlichkeit und der gute Aufbau eines Webauftritts sind wichtige, wenn nicht sogar die wichtigsten Voraussetzungen für eine benutzerfreundliche Webgestaltung. Seniorinnen und Senioren wünschen sich eine möglichst selbsterklärende Informationshierarchie der Webinhalte, eine Beschränkung des Informationsangebots auf das Wesentliche sowie eine klare Benutzerführung.

Prinzipien

- Der Zweck einer Webseite und ihr logischer Aufbau sollten auf den ersten Blick klar ersichtlich sein. Dazu müssen die verschiedenen Inhalts-, Such- und Navigationsbereiche gut strukturiert und ihr Nutzen bzw. ihre Funktion selbsterklärend sein. Das gewählte Layout ist über alle Webseiten einheitlich zu verwenden.
- Eine gute Gliederung der Seiteninhalte erleichtert das Lesen und das Verständnis. Längere Texte sollen sinnvoll aufgeteilt werden. Zusammengehörige Inhaltsbereiche sollten durch Navigationselemente miteinander verknüpft sein.

Wie hier (Abb. 2.1) dargestellt, hat sich ein klassisches Layoutkonzept für desktoporientierte Webseiten herausgebildet. Dabei werden die verschiedenen Bereiche möglichst klar erkennbar gestaltet und in der Regel mit ähnlich strukturierten Inhalten und Funktionen ausgestattet. Dies erlaubt Benutzerinnen und Benutzern, sich auch auf unterschiedlichen Webplattformen rasch zurechtzufinden. Dieses Layoutkonzept wird im Zuge des Mobile-First-Designs immer häufiger durch ein kachelbasiertes Layout und animierte Menüs ersetzt, was mit zusätzlichen Herausforderungen bezüglich Übersichtlichkeit einhergeht.

Dachbereich mit
Meta-Navigation und
Suchoptionen

Headerbereich
mit zentraler Botschaft
bebildert oder illustriert

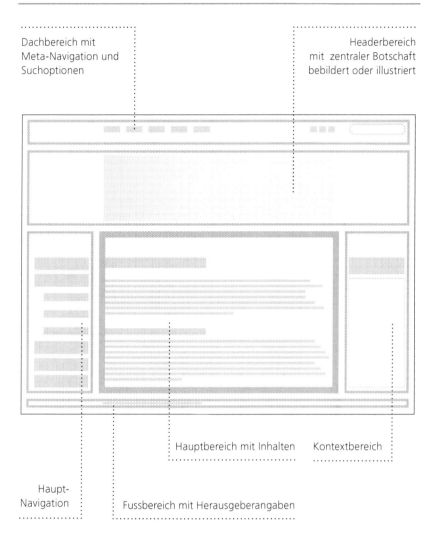

Hauptbereich mit Inhalten   Kontextbereich

Haupt-
Navigation

Fussbereich mit Herausgeberangaben

Abb. 2.1   Klassisches Portalkonzept von Webseiten

Themen	Empfehlungen und Anforderungen	Hinweise zur Umsetzung
Übersichtlichkeit	Der Zweck und der logische Aufbau einer Webseite müssen auf den ersten Blick klar sein.	Informationen sind auf das Wesentlichste beschränkt. Nicht unbedingt notwendige Informationen durch Links bereitstellen.
Aufbau	Gestaltungsstil und -elemente sind über alle Webseiten einheitlich zu verwenden.	Einheitliches Layout mit konsistenter Logik verwenden. Einheitliche Begriffe, Buttons, Menüs, Links etc. Gestaltung von Menüs sollte einheitlich und standardkonform sein.
	Die verschiedenen Bereiche einer Webseite müssen gut unterscheidbar und deren Nutzen und Funktion sofort erkennbar sein.	Einheitliches Spaltenlayout, klare Bereichsbeschriftung oder andere eindeutige Identifikation der Bereiche innerhalb der Webseite.
	Inhalte müssen klar strukturiert sein.	Titel, Untertitel und Inhaltsverzeichnis verwenden und mit Links verbinden.
	Längere Texte sollen sinnvoll aufgeteilt sein.	Bei längeren Texten Zusammenfassung bereitstellen. Wenn nötig vertikales Scrollen vorsehen oder auf mehrere Seiten aufteilen und mit Links verbinden. Das Scrollen in zwei Dimensionen ist zu vermeiden – entweder horizontal oder vertikal. Keine neuen Fenster und Pop-ups.
	Zusammengehörige Inhalte sind geeignet miteinander zu verknüpfen.	Verbindung durch Links innerhalb von Texten oder abgesetzt durch Navigationsmöglichkeiten mit aussagekräftigen Buttons.
	Menüs sollen klar als solche erkennbar sein.	Menüs immer am gleichen Ort und gut sichtbar anbieten. Dies ist speziell wichtig, wenn Menüs erst durch Gesten erscheinen oder hinter einem Icon (z. B. Hamburger-Menü) versteckt sind.

Weiterführende Information unter www.ageweb.ch

2.3.2 Benutzerführung und Navigation

Eine Benutzerführung, die einfache Schrittfolgen anbietet, erlaubt es den Benutzerinnen und Benutzern, sich selbstständig im Internet fortzubewegen. Durch eine zielführende und konsistente Navigation fühlen sich ältere Benutzerinnen und Benutzer unterstützt.

Prinzipien

- Navigationselemente müssen selbsterklärend als solche erkennbar sein und sich in der Gestaltung einheitlich über den gesamten Webauftritt erstrecken.
- Wenn zur Navigation Icons oder Symbole eingesetzt werden, müssen diese in ihrer Funktion gut erkennbar sein.
- Angaben zum aktuellen Standort auf dem Webauftritt und wie man dorthin gekommen ist helfen bei der Orientierung und tragen zu einer guten Benutzerführung bei.

Klare und einfache Navigationsmöglichkeiten (Abb. 2.2) sind zentral, um Benutzerinnen und Benutzer rasch und zielsicher zu Inhalten führen zu können. Neben guter Bedienbarkeit – besonders wichtig bei mobilen Endgeräten – soll die Anzahl navigatorischer Elemente überschaubar gehalten werden.

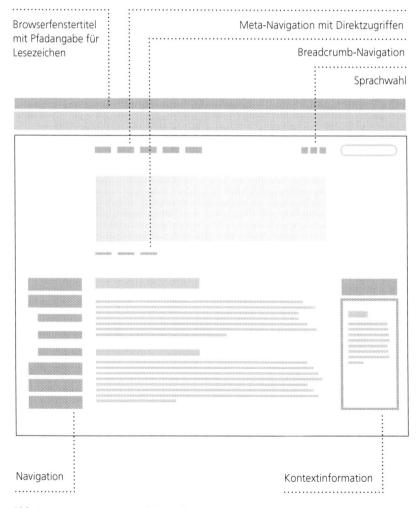

Abb. 2.2 Benutzerführung auf Webseiten

Themen	Empfehlungen und Anforderungen	Hinweise zur Umsetzung
Benutzerführung	Zustandsänderungen der Webseite (nach einer Benutzeraktion oder einem Systemereignis) müssen klar erkennbar sein.	• Klare und eindeutige visuelle und akustische Feedbacks einbauen.
	Die Benutzerführung muss als solche klar erkennbar, konsistent, eindeutig und zielführend sein.	• Navigationselemente und Benutzerführung sollten sich durch mehrere klare Merkmale von der restlichen Information abheben. Keine nur optischen oder akustischen Merkmale wie z. B. „das Wichtigste ist rot markiert", „den blauen Button rechts betätigen".
Navigation	Die Navigationsleiste sollte wenn möglich jederzeit sichtbar und einheitlich aufgebaut sein.	• Gleicher Ort (Menü oder Hamburger-Menü), gleiche Funktionsweise.
	Die Navigationselemente sollen für alle Benutzerinnen und Benutzer des Webauftritts bedienbar sein.	• Anzahl der Navigationselemente überschaubar halten. Grösse so wählen, dass sie auch von älteren Nutzern problemlos gefunden und bedient werden können. Vor allem wichtig bei Touch-Interaktion.
	Benutzerinnen und Benutzer sollten jederzeit wissen, wo im Webauftritt sie sich befinden und woher sie gekommen sind.	• Aktuelle Webseite in der Navigation hervorheben (gerade bei Zugang über Suchmaschine). Ergänzend kann eine hierarchische Übersicht (Breadcrumbs) angeboten werden.
	Die Anordnung und Funktionsweise der Navigationselemente müssen auf allen Unterseiten einheitlich und die Funktionsweise zudem eindeutig sein.	• Frühe Festlegung der Navigation für alle Displaygrössen beim Design der Webseite und regelmässige Überprüfung der Funktionsweise und der Einhaltung der Vorgaben.

Themen	Empfehlungen und Anforderungen	Hinweise zur Umsetzung
	Wird eine Tastatursteuerung angeboten, dann muss diese auf allen Webseiten einheitlich sein.	• Standard-Tastaturkombinationen verwenden. Kontextbezogene Hinweise auf Tastaturkombinationen geben (z. B. in Menüs).
	Navigationsrelevante Bedienungselemente wie Icons und Symbole müssen sich an bestehenden Standards orientieren sowie ausreichend gross und selbsterklärend sein.	• Einschlägige Styleguides konsultieren. Überprüfung der Beschriftungsgrösse, des Kontrasts und der Funktion.
	Pull-Down-Menüs sind wenn möglich zu vermeiden.	• Wenn auf Pull-Down-Menüs nicht verzichtet werden kann, dann sind diese eindeutig, konsistent, ausreichend gross und selbsterklärend zu gestalten.
	Gestensteuerung	• Gestensteuerung nur sehr zurückhaltend und konsistent einsetzen (3-5 Gesten, immer dieselbe Aktion damit verbunden). • Alternativen anbieten. • Ein-Finger-Gesten bevorzugen. • Für Tap-Gesten sollte die Grösse des Ziels mindestens 14 mm^2 und für Swipe-Gesten grösser als 17,5 mm^2 sein.
Usability-Test	Webauftritt mit spezifischen Usability-Tests überprüfen und optimieren.	• Ein Usability-Test sollte mit Vertretern der Zielgruppe durchgeführt werden, um die Gebrauchstauglichkeit einer Webseite für die anvisierten Endnutzerinnen und -nutzer zu überprüfen und ggf. anzupassen. Auch mobile Interaktion mit Webseiten ausgiebig testen.

Weiterführende Information unter www.ageweb.ch

Abb. 2.3 Farbkreis

2.3.3 Text und Sprache

Die Textgestaltung gliedert sich in eine inhaltliche und eine gestalterische Kompo-nente. Die Kombination beider Elemente fördert die Lesefreundlichkeit und Ver-ständlichkeit. Zur gestalterischen Komponente gehört auch die Berücksichtigung von Kontrasten.

Prinzipien

- Die Besucher der Webseite müssen die Informationen inhaltlich nachvollziehen und verstehen können (einfache präzise Sprache).
- Hinsichtlich der Textgestaltung (Zeilenlänge, Zeilenabstand, Zwischenräume, Kontrast) ist auf Lesefreundlichkeit und Kompatibilität mit unterschiedlichen Endgeräten zu achten.
- Hilfestellungen wie Textvergrösserung sind willkommen, sollen aber das Layout nicht beeinträchtigen.
- Komplementäre Farbkombinationen (im Farbkreis gegenüberliegend, siehe Abb. 2.3) sollten vermieden werden.

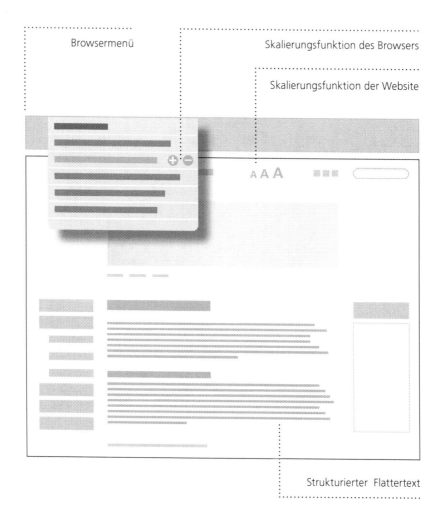

Abb. 2.4 Typografische Funktionen einer Webseite

Je nach Konzeption einer Website können direkte Hilfen zur Beeinflussung der Lesbarkeit angeboten werden (Abb. 2.4). Verbreitet war bislang vor allem das Verändern der Schriftgrösse, wobei Bilder und grafische Elemente nicht mitskaliert wurden. Neuere Konzepte wie Grössenänderungen des gesamten Seitenlayouts direkt über entsprechende Funktionen des Browsers sind vorzuziehen. Zudem ist mit der Verbreitung mobiler Endgeräte nicht mehr eine vorbestimmte Grösse von Texten und Objekten massgebend, sondern vielmehr die Möglichkeit, Layoutbereiche gezielt zu skalieren.

Themen	Empfehlungen und Anforderungen	Hinweise zur Umsetzung
Inhaltliche Komponente	Die Sprache soll leicht verständlich, konsistent und auf die Zielgruppe ausgerichtet sein.	• Kurze Sätze, aktive Sprache, Fremdwörter vermeiden.
	Es sollte weitgehend auf Fachjargon verzichtet werden.	• Technischer oder fachlicher Jargon sowie Abkürzungen sind, wenn möglich, zu vermeiden. Falls dennoch nötig, Glossar anbieten.
Gestalterische Komponente	Die Textgrösse soll bereits im Standardmodus gut lesbar sein.	• Mindestens Schriftgrösse 12 Punkt verwenden. Die absolute Schriftgrösse ist abhängig von der Display-Auflösung (Empfehlungen der Plattformhersteller beachten).
	Überschriften sollen als solche klar erkennbar sein.	• Überschriften gliedern einen Fliesstext und machen ihn damit leichter lesbar. Idealerweise ist die grösste Überschrift 50% grösser als der Fliesstext.
	Wird eine Schriftvergrösserung angeboten, sollte sie ohne Verlust von Teilen des Inhalts und ohne Beeinträchtigung der Bedienung oder des Layouts möglich sein.	• Um bis zu 200% vergrösserbar. Dynamische Layoutanpassungen durchführen, um seitliches Scrollen zu vermeiden. • Reader-Ansicht (nur Text und wichtige Bilder werden dargestellt) unterstützen und testen, ob sie auch mit viel Text gut funktioniert.

Themen	Empfehlungen und Anforderungen	Hinweise zur Umsetzung
	Angebotene Texthilfestellungen (Text vorlesen, Text vergrössern) müssen klar erkennbar und verständlich in der Nutzung sein.	• Es sollte eine einheitliche und selbsterklärende Symbolik für Texthilfestellungen (Text vorlesen, Text vergrössern) angeboten werden. Die Funktion und Bedienung dieser Hilfestellungen sollten eindeutig und selbsterklärend sein und auf der gesamten Webseite konsistent angeboten werden.
	Die Schriftart muss auf dem Bildschirm gut lesbar sein.	• Sans-Serif-Schriftarten (Grotesk) wie Arial oder Verdana statt Serif-Schriftarten wie Times New Roman einsetzen.
	Das Layout muss lesefreundlich sein.	• Linksbündigen Flattertext verwenden, längere Texte in Grossbuchstaben oder kursiver Schrift vermeiden.
	Die Abstände im und zwischen dem Text müssen ausreichend gross sein.	• Buchstaben-, Zeilen- und Paragraphenabstand ausreichend gross (mind. 1,5-zeilig).
	Text und Texthintergrund sollten genügend Kontrast aufweisen.	• Je kleiner die Schrift, desto grösser sollte der Kontrast sein. Gemusterten Hintergrund vermeiden. Kontrast von Text und Bildern zum Hintergrund sollte ein Verhältnis von mindestens 4,5:1 haben.
	Komplementäre Farbkombinationen sind zu vermeiden.	• Keine Komplementärfarben direkt nebeneinander verwenden (z. B. rot/grün, blau/orange, gelb/violett).

Weiterführende Information unter www.ageweb.ch

2.3.4 Grafiken, Animation und Multimedia

Grafiken und multimediale Inhalte sind nicht nur Gestaltungselemente, sondern dienen auch zur Informationsdarstellung und zur Bedienung der Webapplikation. Werden sie ausschliesslich auf ihren gestalterischen Nutzen reduziert, können sie auch ablenkend wirken oder gar stören. Das Verhältnis von Text und Bildern sollte ausgewogen sein.

Prinzipien

- Wie schon bei Text und Sprache angemerkt, muss auch bei den Bildern auf ausreichend Kontrast geachtet werden. Für die Les- bzw. Erkennbarkeit ist die Anzeigegrösse der Bilder wichtig, welche sich ohne Qualitätsverlust individuell anpassen lassen sollte.
- Bei Downloads sind Zusatzinformationen zum Inhalt, zur Dateigrösse sowie zu den erwarteten Ladezeiten hilfreich.
- Verzierende Elemente wie animierte Bilder und Hintergrundmusik wirken häufig störend. Da bei mobilen Geräten die Bildschirmgrösse ohnehin knapp ist, sollte auf verzierende Elemente und Hintergrundmusik gänzlich verzichtet werden.

Headerbilder mit
ruhiger und einfacher
Überblendung

Vergrösserte Darstellung
von Bildern

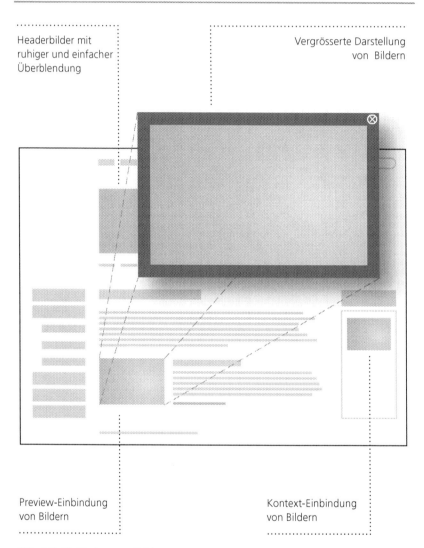

Preview-Einbindung
von Bildern

Kontext-Einbindung
von Bildern

Abb. 2.5 Einbindung von Bildern

Die meisten heutigen Webseiten weisen grafische und multimediale Inhalte auf. Dabei ist darauf zu achten, dass Bild und Text sich optimal ergänzen und nicht konkurrenzieren. Es sind Möglichkeiten anzubieten, um Bilder vergrössert darzustellen. (Abb. 2.5)

Themen	Empfehlungen und Anforderungen	Hinweise zur Umsetzung
Grafiken	Bild und Text sollen sinnvoll aufeinander abgestimmt sein.	• Textrelevante Bilder und Grafiken verwenden. Verzicht auf Bilder aus rein gestalterischen Gründen.
	Grafiken sollen ohne Qualitätsverlust vergrösserbar sein.	• Vektorgrafiken oder Bitmapgrafiken/Bilder in verschiedenen Grössen verwenden.
	Icons und Buttons müssen ausreichend gross dargestellt sein.	• Empfohlene Standardgrössen gemäss einschlägigen Styleguides verwenden.
	Der Kontrast muss auch in Grafiken ausreichend sein.	• Der Kontrast von Grafiken/grafischen Bedienelementen sollte ausreichend sein. Dasselbe gilt für Text innerhalb dieser Elemente. • Überprüfen mit einer Software, welche das Kontrastverhältnis misst.
Animationen	Blinkende Elemente oder Animationen vermeiden.	• Auf animierte Grafiken sollte verzichtet werden oder diese sollten zumindest ausschaltbar sein.
Multimedia	Für Grafiken/Bilder und multimediale Inhalte sind textliche Alternativen zur Verfügung zu stellen.	• Anbieten von sogenannten „Screenplays", welche wie ein Drehbuch den multimedialen Inhalt textlich beschreiben.
	Auf Hintergrundmusik sollte wenn möglich verzichtet werden.	• Wenn Hintergrundmusik verwendet wird, dann sehr leise (weniger als 20 dbA). • Möglichkeit zum Ausschalten anbieten. • Weder Ton noch Videos sollten beim Öffnen einer Seite automatisch starten.
	Ladezeiten von multimedialen Inhalten sollen angezeigt werden.	• Nicht unnötig hochauflösende Bilder verwenden (Ladezeit). Bei längeren Ladezeiten Fortschrittsanzeigen darstellen.

Themen	Empfehlungen und Anforderungen	Hinweise zur Umsetzung
	Inhalte zum Herunterladen sind als solche erkennbar zu machen und ausreichend zu beschreiben.	• Verwendung einer eindeutigen Symbolik für Downloads. Angaben von Format, Dateigrösse, eventuell Dauer in Minuten anzeigen.
Werbung	Werbung sollte nicht aufdringlich und klar als solche erkennbar sein.	• Werbung sparsam und wenn möglich kontextgebunden einsetzen. • Werbefelder kenntlich machen. • Werbe-Animation ausschaltbar machen. • Es sollte im Verhältnis nicht zu viel Werbung enthalten sein.

Weiterführende Information unter www.ageweb.ch

2.3.5 Links

Links bieten die Möglichkeit, innerhalb eines Webauftritts zu navigieren sowie zusätzliche, auch externe Informationen zu erschliessen. Bei der Verwendung von Links sollte darauf geachtet werden, dass sie deutlich erkennbar und selbsterklärend sind.

Prinzipien

• Links auf einem Webauftritt sollten eindeutig als solche erkennbar sein – auch für Besucher mit Einschränkungen wie z. B. Farbblindheit – und sie sollten über den gesamten Webauftritt einheitlich gekennzeichnet sein (Abb. 2.6).

• Mouse-Over-Effekte (Texte, die erscheinen, sobald der Mauszeiger sich über dem Link befindet) sind für viele Benutzerinnen und Benutzer zu einer zusätzlichen Informationsquelle geworden. Diese Effekte funktionieren jedoch bei Touchscreens (Tablet-PC, Smartphone) nicht, daher sind Alternativen anzubieten.

Inline-Link

Resource-Link
führt zu weiteren
Inhalten

Gruppierte
Kontext-Links

Abb. 2.6   Verschiedene Arten von Links

Neben der Navigation erlauben Links, die Benutzerinnen und Benutzer gezielt zu weiterführenden Inhalten zu leiten. Inline-Links (Links im Fliesstext) sollten massvoll eingesetzt werden, um die Lesbarkeit nicht zu beeinträchtigen. Ein Link sollte klar auf das entsprechende Ziel hinweisen.

Themen	Empfehlungen und Anforderungen	Hinweise zur Umsetzung
Links	Links sollen aktuell und funktionsfähig sein.	• Regelmässig überprüfen, entweder manuell oder mit Hilfe eines Link Checker Tools.
	Die Linkdarstellung und die Funktionsweise eines Links sollte innerhalb des gesamten Webauftritts einheitlich sein.	• Zum Beispiel durch einheitliche Farbgebung und Unterstreichung. Visuelles Feedback durch Mouse-Over. • Aktionsbeschreibende Links verwenden (erläutern, was durch Klick auf den Link passiert). Linknamen sollen immer auf das Ziel hinweisen (Nicht: Klicken Sie hier).
	Hinweise auf Links müssen eindeutig beschrieben sein, auch für Benutzerinnen und Benutzer mit sensorischen Einschränkungen (z. B. Farbblindheit).	• Besser objekt- oder formbezogene, statt nur farbbezogener Beschreibungen verwenden, wie „klicken Sie auf den Kreis" statt „klicken Sie auf das violette Symbol". • Generell mehrere Unterscheidungsmerkmale einsetzen.
	Beim Nachfolgen von Links sollten Webnutzerinnen und -nutzer leicht wieder an den Ursprungsort zurückkehren können.	• Back-Button korrekt implementieren, notfalls verlinkte Seiten ausserhalb des eigenen Webauftritts in separatem Register-Fenster öffnen.
Mouse-Over	Funktioniert auf Touchscreens (Touch Pads, Smartphones) nicht.	• Alternative z. B. mit angezeigten Untermenüs oder aussagekräftigen Linktexten anbieten.

Weiterführende Information unter www.ageweb.ch

2.3.6 Suche

Die Suchfunktion erleichtert das Auffinden von Webinhalten. (Abb. 2.7) Ältere Menschen schätzen diese Funktion. Sie geben aber an, dass für sie die Art und Weise des Suchvorgangs häufig nicht transparent ist und die Reihenfolge der ihnen präsentierten Suchergebnisse wenig logisch erscheint. Sie haben zudem Mühe, diese Reihenfolge zu beeinflussen.

Prinzipien

- Eine gute Platzierung der Suchfelder ist ebenso wichtig wie die Transparenz hinsichtlich des Suchvorgangs. Eine Möglichkeit, die Suche durch weitere Kriterien zu verfeinern, wird geschätzt.
- Bei der Anzeige der Suchergebnisse kann das Angebot von Sortierungsmöglichkeiten, z. B. nach Datum, Ort oder anderen Kriterien, die Übersicht verbessern.

Bei Suchvorgängen auf Webseiten sollte zunächst klar sein, ob auf dem gesamten Webauftritt oder nur in einem bestimmten Bereich gesucht wird. Die dynamische Anzeige von Suchvorschlägen kann sodann eine merkliche Komfortsteigerung bewirken. Die Suchresultate sollten sinnvoll gegliedert sein (z. B. nach Bereichen).

Optionen zur Ordnung von
Suchresultaten

Suchfeld mit
Suchvorschlägen

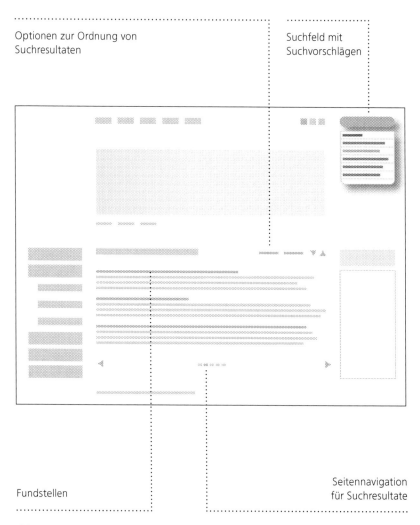

Fundstellen

Seitennavigation
für Suchresultate

Abb. 2.7 Suche und Suchresultate

Themen	Empfehlungen und Anforderungen	Hinweise zur Umsetzung
Suchfeld	Die Benutzerinnen und Benutzer müssen das Suchfeld problemlos finden können.	• Eine der üblichen Platzierungen verwenden, oben links/mittig/rechts.
	Ein Suchfeld muss sofort als solches erkennbar sein.	• Einheitliche Suchfeldgestaltung auf allen Seiten. • Evtl. Verwendung von Text- und Symbolmarkierungen wie z. B. eine Lupe. • Tag-Clouds sollten vermieden werden.
Suchergebnisse	Es sollte klar beschrieben sein, nach welchen Kriterien gesucht werden kann, aber auch wie die Suchergebnisse inhaltlich zustande kommen.	• Suchvorgang transparent machen (z. B. in welchem Bereich gesucht wird).
	Die Suchergebnisse sollten übersichtlich dargestellt werden.	• Suchergebnisse gruppieren und logische Zusammenhänge (z. B. verwandte Begriffe) abbilden.
	Es sollte eine Möglichkeit geben, die Ergebnisse nach verschiedenen Kriterien zu sortieren.	• Verschiedene Ordnungsmöglichkeiten anbieten.

Weiterführende Information unter www.ageweb.ch

2.3.7 Aktualität, Beständigkeit und Robustheit

Ältere Menschen schätzen es, wenn die von ihnen regelmässig benutzten Webseiten ihr Aussehen (Form) möglichst nicht oder nur wenig ändern. Sie erwarten aber, dass die Inhalte immer aktuell sind. Aktuell gehaltene Webseiten weisen auf ein seriöses Informationsangebot hin. Struktur und Präsentation des gesamten Webauftritts sollten somit möglichst stabil sein. Das Zurechtfinden auf einer neu gestalteten Seite ist für die Nutzerinnen und Nutzer immer mit einem Lernaufwand verbunden. Ständige Layoutwechsel von Webseiten mindern die Motivation, die Webseite zu nutzen.

Prinzipien

- Hinsichtlich Layout gilt eine Abwägung von Aktualität gegenüber Beständigkeit. Dies betrifft natürlich nicht die Inhalte oder Funktionalitäten, die aktuell gehalten werden müssen.
- Wichtig ist, dass man sich auf dem Webauftritt schnell zurechtfindet.
- Es ist zu beachten, dass die Benutzergemeinde mit verschiedensten Endgeräten den Webauftritt besucht und dieser auf allen Geräten gleich zugänglich sein sollte.

Gute Layoutkonzepte zeichnen sich durch ihre Flexibilität aus. (Abb. 2.8) Durch die Nutzung geeigneter Technologien ist somit bei verschiedenen Browsern oder Betrachtungsumgebungen (z. B. auf kleineren Monitoren oder mobilen Endgeräten) ein einheitliches Erscheinungsbild erzielbar. Alle relevanten Inhalte und Funktionalitäten sollen konsistent gehandhabt werden können, unabhängig von der Grösse des Endgeräts.

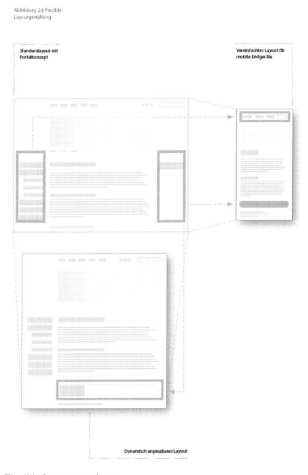

Abb. 2.8 Flexible Layoutgestaltung

Themen	Empfehlungen und Anforderungen	Hinweise zur Umsetzung
Aktualität	Die Webinhalte und Verlinkungen sollten aktuell sein.	• Wenn automatische Aktualisierungen der Seiten eingebaut wurden, sollten die Nutzerinnen und Nutzer dennoch über Updates informiert werden (z. B. durch Datierung der Inhalte).
Beständigkeit	Das Gesamtlayout einer Webseite sollte beständig sein.	• Layout von Webseiten nicht grundlegend verändern, um frühere Benutzerinnen und Benutzer nicht zu verlieren (Wiedererkennungswert). • Grundlegende Layoutveränderungen sollten vom Kontext her begründet sein und stufenweise eingeführt werden. • Hilfestellungen und Erklärungen zum neuen Layout und zur Benutzung sind anzubieten.
Robustheit	Die Webseite muss kompatibel mit verschiedenen Browsern und ausreichend robust gegenüber unterschiedlichen Displaygrössen sein.	• Gleiche Darstellung auf allen Computern und Browsern. • Berücksichtigen, dass ältere Menschen nicht unbedingt immer die neuesten Browserversionen auf ihren Rechnern installiert haben. • Für Tablets und Mobiltelefone bestehen aufgrund der reduzierten Bildschirmgrösse spezielle Anforderungen, die einen modifizierten Webauftritt erfordern.

Weiterführende Information unter www.ageweb.ch

2.3.8 Kontaktinformation und Hilfestellungen

Um Benutzerinnen und Benutzern eines Webauftritts bei auftretenden Fragen oder Schwierigkeiten Unterstützung geben zu können, benötigen diese Kontaktmöglichkeiten. (Abb. 2.9) Dabei sind für ältere Personen nebst Webformularen und E-Mail auch traditionelle Kontaktmöglichkeiten wichtig, namentlich das Telefon oder der persönliche Kontakt an einem Schalter. Ältere Menschen wollen aber auch gerne wissen, mit wem sie es zu tun haben. Daher sind Angaben zum Anbieter des Webangebots im Impressum wichtig. Dies fördert Transparenz.

Prinzipien

- Die Angaben zu Kontaktmöglichkeiten und auch das Impressum sollten nicht nur vorhanden, sondern auch an prominenter Stelle platziert sein.
- Dies gilt auch für weitere Hilfestellungen wie Textvergrösserung, Vorlesefunktion, Glossar, FAQs u. Ä.

Direkter Zugang zu
den Kontaktangaben

Ergänzende Ortsangaben
über Karteneinblendung

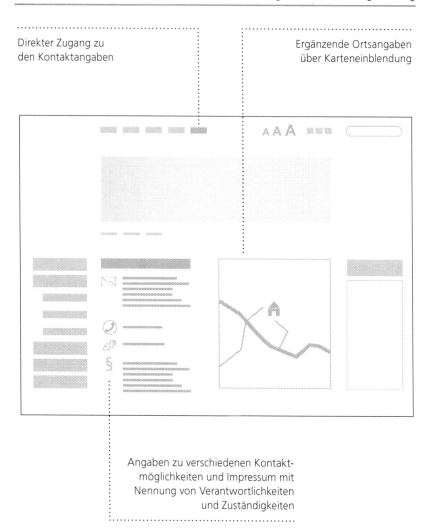

Angaben zu verschiedenen Kontaktmöglichkeiten und Impressum mit
Nennung von Verantwortlichkeiten
und Zuständigkeiten

Abb. 2.9 Transparenz und Seriosität

Zusätzlich zu den elektronischen Kontaktmöglichkeiten bieten klassische Kontaktoptionen Vorteile für bestimmte Benutzergruppen. Verbunden mit ausführlichen Angaben zum Betreiber der Website und entsprechender Verantwortlichkeiten sowie eventueller rechtlicher Anmerkungen gewährleisten sie Transparenz und Seriosität des Webangebots.

Themen	Empfehlungen und Anforderungen	Hinweise zur Umsetzung
Kontaktmöglichkeiten	Kontaktangaben sollten vorhanden und leicht auffindbar sein.	• Möglichkeit der Kontaktaufnahme bei Fragen oder Problemen, Ansprechpartner, Adresse, E-Mail und Telefonnummer anbieten und aktuell halten.
Transparenz	Das Impressum sollte die Verantwortlichen des Webauftritts nennen und auch auf allfällige rechtliche Vorbehalte hinweisen.	• Durch ein Impressum wird Transparenz erzeugt. Es sollte aktuell gehalten sein.
FAQs	Der Webauftritt soll eine Seite mit FAQ / Glossar enthalten.	• Glossar und FAQ (Frequently Asked Questions) sowie Legenden gut sichtbar zur Verfügung stellen.
Hilfestellungen	Die angebotenen Hilfestellungen und Symboliken eines Webauftritts sollen klar ersichtlich und möglichst selbsterklärend sein und bei Bedarf zusätzlich erläutert werden.	• Konsistente Verwendung von eindeutigen Symbolen auch für Hilfestellungen (Text vergrössern, Text vorlesen usw.) über den gesamten Webauftritt. • Als Option ist eine Seite mit Erklärungen zu den verwendeten Symbolen und den angebotenen Hilfestellungen einzubinden.

Weiterführende Information unter www.ageweb.ch

2.3.9 Registrierung und Formulare

Registrierungen und Online Formulare erfordern eine selbsterklärende Gestaltung. (Abb. 2.10) Sinn und Nutzen der Dateneingabe sollten den Benutzerinnen und Benutzern unmittelbar einleuchten. Hinsichtlich Datenschutz müssen Datenverwendung, -archivierung und -zugriff durch Dritte für die Benutzerinnen und Benutzer erkennbar sein oder über eine Zusatzseite erläutert werden. Für die seniorengerechte Gestaltung von Online-Formularen sind zusätzlich Einschränkungen beim Sehvermögen und langsamere Reaktionszeiten zu berücksichtigen.

Prinzipien

- Bei der Eingabe persönlicher Daten müssen der Sinn und Zweck und die notwendigen Arbeitsschritte vor der Eingabe für die Benutzerinnen und Benutzer ersichtlich sein.
- Falscheingaben sollen schon bei der Erfassung weitmöglichst ausgeschlossen werden. Bei Fehlern sind aussagekräftige Hilfehinweise und eine gezielte Korrekturmöglichkeit anzubieten.
- Zum Schutz vor Spam werden oft Captchas eingesetzt. Diese sind jedoch für ältere Benutzerinnen und Benutzer und auch für viele „normal Sehende" häufig schwer lesbar oder lösbar. Es empfiehlt sich, alternative Sicherheitstechniken anzubieten.

Sobald Benutzerangaben abgefragt werden, bestehen hohe Anforderungen an Sicherheit und den Umgang mit den erfassten Daten. Es soll deshalb zu Beginn einer Dateneingabe klar gemacht werden, welche Schritte folgen und was genau mit den Eingaben der Benutzerinnen und Benutzer geschieht bzw. wie sie geschützt sind.

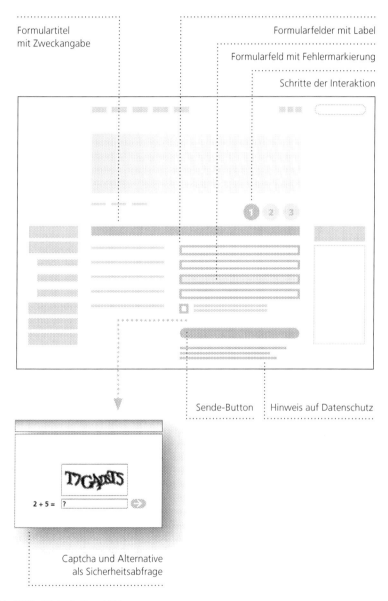

Abb. 2.10 Sicherheit und Privacy

Themen	Empfehlungen und Anforderungen	Hinweise zur Umsetzung
Registrierung	Die Registrierung sollte für die Benutzerinnen und Benutzer nachvollziehbar und selbsterklärend sein.	• Auf unnötige Registrierungen ist zu verzichten. • Ist eine Registrierung notwendig, so soll diese selbsterklärend, verständlich und benutzerfreundlich gestaltet sein. Die Notwendigkeit einer Registrierung sollte transparent erläutert werden. • Nur unbedingt notwendige Angaben verlangen.
Formulare	Formulare sind selbsterklärend und eindeutig zu gestalten.	• Die Eingabemaske ist ausreichend gross und verständlich zu gestalten. • Die Pflichtfelder sind eindeutig zu markieren. • Das aktuelle Feld bei Eingabeformularen muss klar erkennbar sein.
	Die Fehlerbehandlung bei Formularen sollte einfach verständlich und benutzerfreundlich sein.	• Fehlerhafte oder fehlende Eingaben in den Formularen sollten klar markiert und die Möglichkeit zur Korrektur ohne Verlust von bisher eingegebenen Daten angeboten werden.
	Die Zeit für die Formulareingabe muss ausreichend bemessen sein.	• Falls Webapplikation Zeitlimiten für Eingaben setzen, sollten diese grosszügig sein und angepasst werden können. • Bei umfangreicheren Formulareingaben sollte die Möglichkeit vorgesehen werden, dass die Eingabe unterbrochen werden kann, ohne dass dabei alle bereits eingegebenen Daten verloren gehen und später nochmals eingegeben werden müssen.

Themen	Empfehlungen und Anforderungen	Hinweise zur Umsetzung
	Die korrekte Dateneingabe sollte ohne zusätzliches Wissen möglich sein.	• Werden Benutzereingaben in einem bestimmten Format verlangt, müssen klare Hinweise zum Eingabeformat angegeben (Beispieleingaben) und Fehler umgehend rückgemeldet werden.
Captcha	Auf die Verwendung von Captchas sollte entweder verzichtet oder sie sollen verbunden mit entsprechenden Hilfestellungen oder Alternativen angeboten werden.	• Captchas vorlesen lassen, Captchas vergrössern, Captchas durch Testfragen ersetzen.
Datenschutz	Den Benutzerinnen und Benutzern muss klar kommuniziert werden, wie und wofür die eingegebenen Daten verwendet werden.	• Hinweise oder FAQ zu „Was passiert mit Ihren Daten"/„Wofür benötigen wir Ihre Daten".

Altersgerechte mobile Applikationen 3

3.1 Hintergrund

Elektronische Geräte gehören heute zum Alltag des Menschen in fast allen Lebensbereichen, sei es der Wecker, der uns morgens weckt, sei es das Mobiltelefon, das uns mit einem nahestehenden Menschen verbindet, oder sei es der Computer, mit dem wir ins Internet gehen. Jüngere Menschen leben heute in einer digitalisierten Lebenswelt mit Computer und Smartphone. Anders ist es bei älteren Menschen, die nicht mit diesen Technologien gross geworden sind und somit weniger Berührungspunkte damit haben. Oftmals fehlen ihnen die nötigen Technikkompetenzen oder sie sehen keinen Nutzen für sich in den neuen Geräten und meiden sie deshalb.

Heutige ältere Menschen sind kaum mit dem Computer, noch weniger mit Smartphone oder Tablet aufgewachsen, sondern haben erst im fortgeschrittenen Alter begonnen, sich damit zu beschäftigen, mehr oder weniger freiwillig. Eine aktuelle Befragungsstudie[1] erhob bei Personen ab 65 Jahren deren Technik- und Mediennutzung. Hierfür wurden über 1000 Personen in der gesamten Schweiz befragt. Die Studienergebnisse zeigen, dass sich 40% dieser Personen sehr für neue technische Dinge interessieren. Aber 39% stimmten der Aussage „Die Bedienung moderner technischer Geräte ist für mich schwierig" eher oder völlig zu. 57% der befragten Personen können sich jedoch ihr Leben ohne diese technischen Geräte nicht mehr vorstellen.

---

[1] Seifert, A.; Ackermann, T.; Schelling, H. R. (2020) Digitale Senioren. Zürich: Pro Senectute Verlag.

Im Folgenden verstehen wir unter „Computer" PC und Laptop; Smartphone und Tablet bezeichnen wir zusammenfassend als „mobile Endgeräte". Smartwatches und andere Wearables wurden für dieses Buch nicht berücksichtigt. Die Bedeutung der mobilen Endgeräte (Smartphone und Tablet) hat in den letzten Jahren massiv zugenommen. Mit diesen mobilen Endgeräten ist man nicht nur unterwegs erreichbar, sondern kann damit z. B. auch das Internet mobil nutzen. In der Schweiz besitzen 77% der 65- bis 79-Jährigen und 36% der 80-Jährigen und Älteren heute bereits ein Smartphone (Seifert, Ackermann und Schelling, 2020). Einen Tablet-Computer besitzen bereits 49% der 65- bis 79-jährigen Personen und immerhin 23% der befragten Personen ab 80 Jahren (ebd.).

Ältere Personen, welche ein mobiles Endgerät einsetzen, nutzen damit auch meist täglich das mobile Internet. Während heute bereits 74% der befragten 65-jährigen und älteren Menschen das Internet nutzen, sind davon nur 68% Benutzerinnen und Benutzer des *mobilen* Internets (ebd.). Es gibt auch Unterschiede innerhalb der Generation 65plus: jüngere Seniorinnen und Senioren von 65 bis 69 Jahren (81%) benutzen eher auch mobiles Internet im Vergleich zu älteren von über 85 Jahren (42%) (ebd.).

Der Vergleich dieser Nutzungsformen (am Computer oder auf einem mobilen Endgerät) zeigt, dass alle untersuchten Anwendungen mehr am Computer genutzt werden. Die Mobilgeräte werden vorwiegend ergänzend eingesetzt. Auch auf den Mobilgeräten werden von den befragten älteren Personen eher allgemeine Anwendungen wie Chatten und Telefonieren, E-Mail, Informationssuche sowie Fahrpläne abrufen und Navigation genutzt. Immerhin über 36% lesen auch Zeitungen und Zeitschriften auf dem mobilen Endgerät (ebd.). Anwendungen für Kauf und Verkauf von Waren, Internet-Banking, soziale Netzwerke und Internetforen werden von weniger als 20% auf dem mobilen Endgerät genutzt (ebd.).

Die Nutzung mobiler Endgeräte kann einerseits durch fehlende Kompetenzen, mangelnde Unterstützung oder falsche Erwartungen erschwert sein. Andererseits bauen die mobilen Applikationen oft auch selbst durch eine wenig benutzerfreundliche Gestaltung und Handhabung Hürden auf.

Um die Bedürfnisse und Anforderungen der Generation 65plus an eine benutzerfreundliche Applikation genauer untersuchen zu können, wurde eine umfassende Literaturrecherche durchgeführt, verschiedene Experten befragt und zwei Fokusgruppen mit älteren Teilnehmerinnen und Teilnehmern (Durchschnittsalter 71 Jahre), die ein Smartphone nutzen, durchgeführt. Ziel der Fokusgruppen war es, die Sichtweise älterer Benutzerinnen und Benutzer sowie konkret auftretende Barrieren bei der Nutzung von mobilen (nativen) Applikationen zu erkennen. Dazu wurden neben offenen Diskussionsphasen auch konkrete Usability-Tests an vier ausgewählten Applikationen durchgeführt. Die Ergebnisse aus den Fokusgruppen haben die Empfehlungen und Erkenntnisse aus der Literaturrecherche und der Expertenbefragung bestätigt. Die Erkenntnisse aus all diesen Quellen sind in die hier vorliegenden Empfehlungen eingeflossen.

3.2 Besonderheiten mobiler Applikationen

Die Empfehlungen in diesem Teil 3 gelten sowohl für native als auch non-native Applikationen. Beide werden fortan als „mobile Applikationen" bezeichnet. Wie in Teil 2 werden die Richtlinien für mobile Applikationen in verschiedene Bereiche unterteilt. Die Bereiche sind teilweise dieselben wie in Teil 2, jedoch unterscheiden sie sich in den Empfehlungen. Des Weiteren gibt es aufgrund der inhärenten Unterschiede zwischen mobilen Endgeräten und Computern zusätzliche Bereiche zu beachten.

Bei der Verwendung und auch Bedienung von Applikationen auf mobilen Endgeräten bestehen grundlegende Unterschiede zur Interaktion mit Applikationen auf Computern. Die Nutzung erfolgt oft unterwegs. Daher spielt der Nutzungskontext (z. B. unterwegs zu Fuss, im Auto, im ÖV, alleine, in Gesellschaft) eine viel zentralere Rolle als bei Desktop-Applikationen. Deshalb sollte das Design von mobilen Applikationen die Benutzerinnen und Benutzer von Beginn weg konsequent mit einbeziehen (User-Centered Design). Dies heisst auch, dass Usability-Tests von Anfang an und entwicklungsbegleitend durchgeführt werden sollten (z. B. mit Mock-ups). Diese sollten, wenn immer möglich, mit realen Usern aus der Zielgruppe, basierend auf realen Szenarien und im realen Nutzungskontext, durchgeführt werden. Dabei sollte der gesamte Service getestet werden, nicht nur die eigentliche Interaktion mit der Applikation.

Mobile Applikationen werden meistens verwendet, um ein bestimmtes Ziel zu erreichen bzw. eine bestimmte Aufgabe zu erledigen (News-Abfrage, Informations- und Ortssuche, Fahrkarten bestellen etc.). Deshalb sollte sich eine mobile Applikation konsequent auf diese Kernfunktionalität konzentrieren, um die Benutzerin oder den Benutzer optimal dabei zu unterstützen, ihre Ziele zu erreichen, Entscheidungen zu treffen und entsprechende Aktionen auszulösen.

Zudem ist zu bedenken, dass mobile Applikationsnutzer nur wenig Zeit haben, sich mit einer Applikation auseinanderzusetzen, und häufig von externen Ereignissen abgelenkt werden. Dies hat zahlreiche Implikationen auf verschiedene Usability-Faktoren wie Layout, Bedienung, visuelles Design, Navigation und Benutzerführung. Die Bedienung unterscheidet sich komplett von jener von Webseiten und Applikationen auf einem Desktop-Computer. Anstelle von Maus und Tastatur stehen z. B. ein Touch-Bildschirm, ein Screen-Keyboard, Gesten- und Sprachsteuerungen zur Verfügung. Auch die Ausgabe von Informationen unterscheidet sich wesentlich. Der Bildschirm ist wesentlich kleiner (bei Smartphones),

die akustische Ausgabe ist meistens erschwert, da die Lautsprecher von Smartphones leistungsschwächer sind und Umgebungslärm die Wahrnehmung zusätzlich
beeinträchtigen kann. Mit mobilen Endgeräten ergeben sich allerdings auch neue
Ausgabemöglichkeiten wie Vibration oder erweiterte visuelle Feedbacks (z. B.
Blinken bei Erhalt einer E-Mail).

Neben den oben genannten Aspekten ist für ältere Menschen vor allem auch
die Sicherheit im Umgang mit mobilen Applikationen ein wichtiger Faktor.
Die älteren Menschen möchten sich in verschiedener Hinsicht sicher fühlen,
wenn sie eine Applikation benutzen. Besonders wichtig ist dabei der Aspekt der
Privatsphäre und des Datenschutzes.

Des Weiteren gibt es grosse Unterschiede zwischen den verschiedenen
Betriebssystemen, die heutzutage angeboten werden, was die Nutzung für ältere
Menschen zusätzlich erschweren kann, z. B., wenn sie auf ein neues mobiles
Endgerät mit anderem (bisher nicht vertrautem) Betriebssystem umsteigen.

Zudem ist zu beachten, dass mobile Applikationen meistens Teil eines mobilen
Service sind. Deshalb ist es wichtig, den Service als Ganzes auf die Bedürfnisse der älteren Menschen auszurichten, nicht nur die mobile Applikation. Dazu
gehört insbesondere auch, wie die Applikation heruntergeladen, installiert und
aktualisiert werden kann. Obwohl diese Service-Design-Aspekte für die Nutzung
mindestens so wichtig sind wie die mobile Applikation selber, kann im Rahmen
dieses Buches nicht näher darauf eingegangen werden.

Schliesslich ist darauf hinzuweisen, dass alle gängigen Betriebssysteme für
mobile Endgeräte, wie Android und iOS, dem Applikations-Entwickler viele Standards, Richtlinien, Styleguides etc. zur Verfügung stellen. Ein wichtiger Grundsatz
für die Benutzerfreundlichkeit ist, dass diese Richtlinien und Styleguides auch durch-
gehend eingehalten werden. Dies bringt den Vorteil mit sich, dass Benutzerinnen
und Benutzer sich über verschiedene Apps hinweg an gewisse Interaktionsmuster
gewöhnen und sich so schneller in neuen Applikationen zurechtfinden können, weil
sie ähnlich aussehen und ähnlich zu bedienen sind.

Aus den durchgeführten Fokusgruppen mit älteren Smartphone-Benutzerinnen
und -Benutzern ging hervor, dass folgende Punkte beim Design mobiler Applikationen speziell zu berücksichtigen sind:

- **Unterstützung:** Teilweise wünschen sie sich mehr Unterstützung beim Erler-
  nen der Applikationen und der Nutzung derselben. Zum Beispiel könnte eine
  Bank, die Online-Banking anbietet, auch vor Ort Support (Schulungen) oder
  Schulungsvideos anbieten.
- **Übersichtlichkeit:** Bei der Gestaltung einer Applikation sollte auf eine klare,
  übersichtliche und konsistente Präsentation der Inhalte geachtet werden.

- **Navigation:** Menüführung und Navigation innerhalb der Applikation sollten logisch und auf das Wesentlichste beschränkt sein. Die Mehrheit möchte mit möglichst wenigen, klaren Schritten zum Ziel geführt werden.
- **Technikzugang:** Bei der Zielgruppe der älteren Benutzerinnen und Benutzer sollten Unsicherheiten und individuelle Nutzenzuschreibungen gegenüber neuen Technologien berücksichtigt werden.
- **Bedienung:** Die Bedienung von Apps sollte intuitiv, selbsterklärend und die Systemreaktion transparent und vorhersehbar sein.
- **Sicherheit:** Ein wichtiger Punkt ist der Sicherheitsaspekt, also Befürchtungen bezüglich Datenverlusten, -missbräuchen und kriminell motivierten Angriffen auf die Applikation. Sicherheitskritische Anwendungen (z. B. Online-Banking) werden daher oft nur mit grossen Vorbehalten genutzt. Diese Schwierigkeiten werden bei der mobilen Anwendung noch stärker gesehen als bei der stationären Nutzung mit dem Computer.
- **Mobile Nutzung:** Da das Smartphone und auch das Tablet kleiner sind als der herkömmliche Computer, ist es umso wichtiger, dass die Darstellungen innerhalb einer Applikation nicht überfüllt und die Interaktion einfach ist. Mobile Endgeräte werden an verschiedensten Orten und unterwegs eingesetzt und müssen daher anderen Gegebenheiten standhalten als die Arbeit am Computer mit einem grossen Bildschirm in den heimischen vier Wänden.

Falls Hilfestellungen ungenügend oder Teile von mobilen Applikationen wegen der altersbedingten Einschränkungen oder wegen der fehlenden Benutzerfreundlichkeit nicht zugänglich sind, neigen ältere Menschen schnell dazu, auf die betreffende Applikation zu verzichten. Es ist daher für Anbieterinnen und Anbieter von Applikationen wichtig, auf die Erwartungen und Bedürfnisse der älteren Generation aktiv einzugehen.

3.3 Zehn Bereiche für eine altersgerechte Gestaltung von mobilen Applikationen

Im Folgenden werden zehn Bereiche für eine altersgerechte Gestaltung von mobilen Applikationen genauer untersucht. Für jeden Bereich werden die wichtigsten Empfehlungen und Hinweise zur Umsetzung angegeben. Die Reihenfolge der Bereiche ist an sich irrelevant. Die meisten hier aufgeführten Bereiche sind auch im Teil 2 zu finden. Viele der dort aufgeführten Empfehlungen gelten in gleicher oder analoger Weise auch für mobile Applikationen, sind aber hier noch wichtiger als bei der Webseitengestaltung. Diese werden in diesem 3. Teil ergänzt durch Empfehlungen, die spezifisch für mobile Applikationen sind.

Bereiche
1. Steuerung
2. Übersichtlichkeit und Aufbau
3. Benutzerführung und Navigation
4. Text und Sprache
5. Grafiken, Animation und Multimedia
6. Links
7. Suchen, Filtern, Sortieren
8. Beständigkeit und Robustheit
9. Hilfestellungen
10. Registrierung und Formulare

3.3.1 Steuerung

Die Bedienung von mobilen Endgeräten unterscheidet sich stark von der Interaktion mit Computern. (Abb. 3.1) Die meisten mobilen Endgeräte bieten mehrere Interaktionsmöglichkeiten an, zum Beispiel einen Touchscreen und eine Sprachsteuerung. Entsprechend müssen dabei auch spezielle Punkte berücksichtigt werden, damit ältere Menschen diese Interaktionsmöglichkeiten auch ausnutzen können und keine Einschränkungen in der Bedienung von mobilen Applikationen erfahren. Auf mobilen Geräten ist eine der wichtigsten Eingabetechniken die Touch-Interaktion, d. h. die Berührung des Bildschirms bzw. Touchscreens mit einem oder mehreren Fingern. Dabei ist es wichtig, dass Elemente wie Buttons, Textfelder etc. gross genug sind, sodass sie zuverlässig bedient werden können und die Benutzerinnen und Benutzer möglichst selten aus Versehen falsche Elemente anwählen. Dies ist besonders wichtig für ältere Menschen mit eingeschränkten motorischen und allenfalls kognitiven Fähigkeiten.

Prinzipien

- Elemente, die Ziele von Touch-Interaktionen sind, sollen gross genug sein, um eine Interaktion mit den Fingern zu erleichtern.
- Genügend grosse Abstände zwischen einzelnen Elementen einhalten, insbesondere zwischen Elementen wie Buttons, die Ziele von Touch-Interaktionen sind.
- Sicherstellen, dass Hilfestellungen vom Betriebssystem wie z. B. Spracheingabe überall an den entsprechenden Orten in der Applikation zugänglich und verwendbar sind.

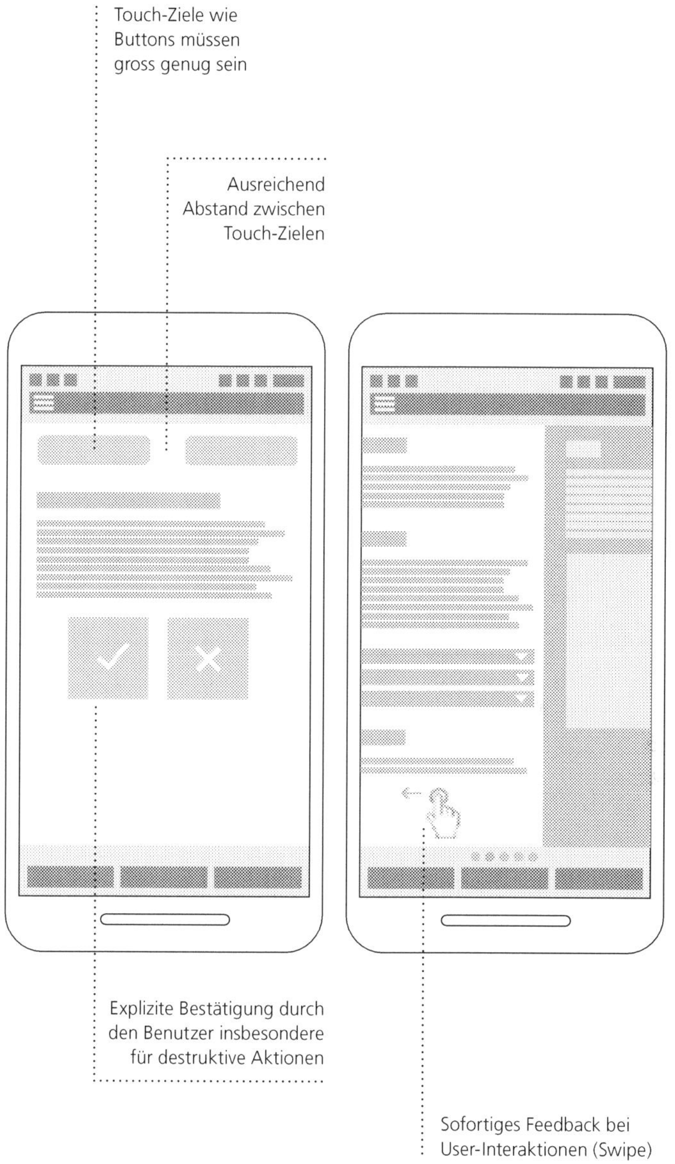

Touch-Ziele wie
Buttons müssen
gross genug sein

Ausreichend
Abstand zwischen
Touch-Zielen

Explizite Bestätigung durch
den Benutzer insbesondere
für destruktive Aktionen

Sofortiges Feedback bei
User-Interaktionen (Swipe)

Abb. 3.1 Touch-Interaktionen und Gesten

Themen	Empfehlungen und Anforderungen	Hinweise zur Umsetzung
Touch-Ziele	Elemente, die Ziele für Touch-Interaktionen sind, müssen gross genug sein.	• Die Grösse von Interaktionselementen sollte in Höhe und Breite als absolutes Minimum 12 mm betragen, unabhängig von der Auflösung. • Die touchsensitive Fläche sollte mindestens 15x15 mm gross sein.
	Elemente, die Ziele für Touch-Interaktionen sind, müssen als solche erkennbar sein.	• Klare Hinweise verwenden, sodass Elemente als Touch-Ziele sofort erkennbar sind.
	Ungewolltes Auslösen von Aktionen ist zu verhindern.	• Elemente, die destruktive Aktionen auslösen, sollten klar von den restlichen Elementen abgetrennt sein, um das unbeabsichtigte Auslösen zu verhindern. • Destruktive Aktionen müssen explizit von der Benutzerin oder vom Benutzer bestätigt werden.
	Benutzerinnen und Benutzer müssen die Möglichkeit haben, ungewollte Aktionen abzubrechen.	• Benutzerinnen und Benutzer sollten die Möglichkeit haben, den Cursor / Finger aus dem Element zu bewegen, um das Auslösen des Events zu verhindern.
Layout	Zwischen Elementen muss genügend Platz gelassen werden, um irrtümliche Touch-Interaktionen zu vermeiden.	• Der Abstand zwischen einzelnen Interaktionselementen sollte unabhängig von der Auflösung als Richtwert mindestens 6 mm betragen.
Touch-Gesten	Multi-Touch-Gesten nur als Varianten zur Auslösung einer Aktion anbieten.	• Falls komplexe Gesten benutzt werden, sollten diese nur als Shortcuts für Aktionen benutzt werden, die auch anderswie ausgelöst werden können.
	Kontextsensitive Hilfen und Hinweise zu Touch-Gesten anbieten, um die Benutzerin oder den Benutzer auf deren Existenz aufmerksam zu machen.	• Kleine kontextsensitive Hinweise können Benutzerinnen und Benutzer auf Interaktionsmöglichkeiten aufmerksam machen, die auf den ersten Blick nicht sichtbar sind (z. B. „Wussten Sie, dass Sie auch…?").

Themen	Empfehlungen und Anforderungen	Hinweise zur Umsetzung
Schütteln und Kippen	Schütteln und Kippen sollten nicht die einzige Methode sein, um eine Aktion auszulösen.	• Falls Schütteln oder Kippen als Interaktionsform benutzt wird, immer eine Alternative durch Touch-Steuerung anbieten.
Barrierefreiheit	Die Applikation soll auch für Nutzer mit Einschränkungen (z. B. visuell, akustisch) barrierefrei nutzbar sein.	• Alle Elemente mit entsprechenden Metainformationen versehen, sodass diese von assistierenden Technologien des Mobilgerätes korrekt erkannt und wiedergegeben werden können. • Applikationen sollen Optionen anbieten, um einzelne assistierende Technologien oder Hilfestellungen ein- oder auszuschalten. • Unterstützende Optionen sollen per Standard aktiviert sein, sofern sie Benutzerinnen und Benutzer ohne Beeinträchtigungen nicht in der Anwendung der Applikation einschränken.
Unterstützung des Betriebssystems	Unterstützende Technologien des Betriebssystems sollen überall in der Applikation zugänglich sein.	• Die Applikation sollte einfach auffindbare Optionen anbieten, mit welchen Benutzerinnen und Benutzer einzelne Hilfestellungen gezielt ein- und ausschalten können. • Die Applikation sollte geeignete Metainformationen anbieten, sodass Screenreader und andere Assistenztechnologien mit der Applikation kompatibel sind.
Interaktion	Sofort Feedback für jede Aktion geben, damit die Benutzerin oder der Benutzer die Wirkung ihrer/seiner Aktion erkennen kann.	• Seiten kontinuierlich scrollen. • Z.B. bei einem Karussell sofort mit Rotieren beginnen, auch wenn die Swipe-Geste noch nicht abgeschlossen ist. • Für Pinch-Zoom die Vergrösserung oder Verkleinerung in kleinen Schritten ausführen (nicht 100%, 200%, sondern z. B. 100%, 125%, 150% etc.).

3.3.2 Übersichtlichkeit und Aufbau

Die Übersichtlichkeit und der gute und logische Aufbau einer Applikation sind wichtige, wenn nicht sogar die wichtigsten Voraussetzungen für die Benutzerfreundlichkeit. (Abb. 3.2) Ältere Menschen wünschen sich eine möglichst selbsterklärende Benutzerführung, eine klare Informationshierarchie und eine Reduktion auf das Wesentliche. Es hat sich gezeigt, dass ältere Menschen lieber spezifische Applikationen mit bestimmten Funktionen benutzen als allgemeine Applikationen, also z. B. eine Wetter- oder News-Applikation anstelle der allgemeinen Internetsuche. Deshalb ist es wichtig, dass sich Applikationen im Wesentlichen auf eine spezifische Funktion beschränken.

Prinzipien

- Der Zweck einer Applikation und ihr logischer Aufbau sollten auf den ersten Blick klar ersichtlich sein. Dazu müssen die verschiedenen Inhalts- und Navigationsbereiche gut strukturiert und ihr Nutzen bzw. ihre Funktion selbsterklärend sein. Das gewählte Layout ist über alle Ansichten der Applikation möglichst einheitlich zu verwenden.
- Der Umfang der Funktionalität einer Applikation sollte sich auf eine Kernfunktionalität beschränken. Allenfalls können Funktionen, die nicht direkt mit der Hauptfunktionalität zusammenhängen, in eine separate Applikation ausgelagert werden.
- Eine gute Gliederung der Menüpunkte und Inhalte erleichtert das Lesen und Navigieren. Längere Inhaltsabschnitte sind sinnvoll zu gliedern.

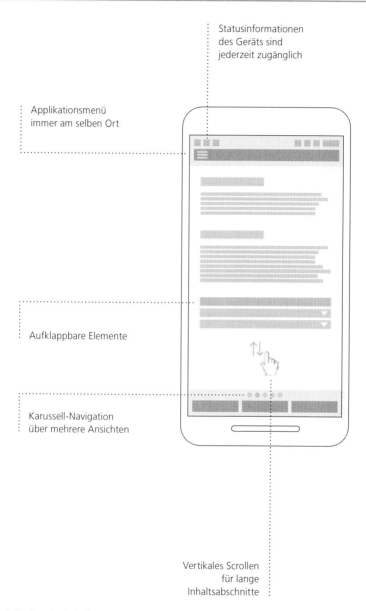

Abb. 3.2 Standard-Aufbau eines Screens einer mobilen Applikation

Themen	Empfehlungen und Anforderungen	Hinweise zur Umsetzung
Übersichtlichkeit	Der Zweck und der logische Aufbau einer Applikation müssen auf den ersten Blick klar sein.	• Die Informationen und Funktionen einer Ansicht sind auf das Ziel der Benutzerin oder des Benutzers ausgerichtet und auf das Notwendigste begrenzt. • Nicht unbedingt notwendige, vertiefte oder weiterführende Informationen in separaten Ansichten zur Verfügung stellen.
	Die Applikation sollte sich auf eine Kernfunktionalität beschränken.	• Jeder Applikation sollte eine Kernfunktionalität zugrunde liegen und die ganze Applikation darum herum aufgebaut werden. • Jede weitere Funktionalität sollte mit der Kernfunktionalität zusammenhängen.
Aufbau	Gestaltungsstil, Design und verwendete Layout-Elemente sind über alle Ansichten einheitlich zu verwenden.	• Einheitliches Layout mit konsistenter Logik verwenden. • Einheitliche Begriffe, Buttons, Menüs, Navigationselemente, Icons etc.
	Die verschiedenen Ansichten einer Applikation müssen gut unterscheidbar und deren Nutzen und Funktion sofort erkennbar sein.	• Einheitliches Layout, klare Beschriftung oder andere eindeutige Identifikation (z. B. mit wohlbekannten Icons) der Bereiche innerhalb einer Ansicht verwenden.
	Inhalte müssen klar strukturiert sein.	• Titel und Untertitel verwenden, eventuell mit (applikationsinternen) Links verbinden.
	Mehrseitige Inhalte sollen, wenn möglich, vermieden werden oder über mehrere Unteransichten verteilt sein.	• Für langen Text, wenn möglich, einseitiges Layout mit vertikalem Scrollen verwenden. • Falls einseitiges Layout nicht möglich, aufklappbare Elemente verwenden. • Pop-ups oder Öffnen neuer Applikationen vermeiden. • Falls nötig, Text auf mehrere Unteransichten verteilen, die über horizontales Scrollen miteinander verbunden sind (Karussell). Dies muss für die Benutzerin oder den Benutzer gut erkennbar sein (z. B. mit Punkten).

Themen	Empfehlungen und Anforderungen	Hinweise zur Umsetzung
	Buttons, Menüs und Links sollen klar als solche erkennbar sein.	• Menüs immer gut sichtbar, im gleichen Stil und am gleichen Ort anbieten. • Nach Möglichkeit gängige Standards (Design, Ort) verwenden. • Buttons müssen als solche erkennbar sein, es muss ersichtlich sein, mit welchen Elementen interagiert werden kann und mit welchen nicht. • Navigationselemente müssen unbedingt mit Metainformationen versehen werden, damit diese von assistierenden Technologien des mobilen Endgerätes korrekt erkannt und wiedergegeben werden können.
	Der Aufbau der Applikation muss möglichst genau mit dem mentalen Modell der Benutzerinnen und Benutzer übereinstimmen.	• Die inhaltliche Verteilung der Ansichten auf der obersten Navigationsstufe sollte möglichst genau dem mentalen Modell der Zielgruppe entsprechen. Dieses muss vorgängig mit Benutzerinnen und Benutzern erarbeitet werden. Jede Abweichung davon muss durch die angebotenen Dienstleistungen oder durch geeignete Hilfestellungen der Applikation begründet und erklärt werden und einfach nachvollziehbar sein.
Statusinformationen des mobilen Endgerätes	Die verschiedenen Statusinformationen des mobilen Endgerätes müssen jederzeit sichtbar sein (Batterieladestand, mobiles Netzwerk, Uhrzeit/Datum).	• Sicherstellen, dass in jeder Ansicht der Applikation die Statuszeile des mobilen Endgerätes am oberen Bildschirmrand sichtbar oder leicht zugänglich ist (z. B. mit einem vertikalen Swipe am oberen Bildschirmrand).
Auffindbarkeit	Die Applikation muss auf dem Home-Screen leicht auffindbar sein.	• Ein leicht erkennbares und unterscheidbares Applikations-Icon verwenden. • Einzigartigen, erkennbaren und merkbaren Applikations-Namen verwenden.

3.3.3 Benutzerführung und Navigation

Eine konsistent logische Benutzerführung, die selbsterklärende Schrittfolgen anbietet, erlaubt ein schnelles Erlernen der Applikation und eine sichere Interaktion, auch wenn diese durch externe Ereignisse unterbrochen wird. (Abb. 3.3) Eine schnell zielführende Navigation ist bei mobilen Applikationen insbesondere auch für ältere Benutzerinnen und Benutzer wichtig. Bei mobilen Applikationen ist es speziell wichtig, dass der aktuelle Zustand der Applikation sofort und klar ersichtlich ist und für jede Zustandsänderung ein klares Feedback zurückgegeben wird, da mobile Applikationen häufig unterwegs genutzt werden und besonders ältere Menschen durch die vielen Sinneseindrücke zusätzlich abgelenkt sein können. Gängige Navigationselemente wie der Back-Button sollten auch über mehrere Applikationen hinweg konsistent und nach den üblichen Standards verwendet und ihre Funktionalität von der Applikation entsprechend implementiert werden.

Prinzipien

- Navigationselemente sollten selbsterklärend, konsistent und als solche erkennbar sein.
- Wenn zur Navigation Symbole eingesetzt werden, sollten diese in ihrer Funktion gut erkennbar sein.
- Hinweise zum aktuell ausgewählten Menüpunkt helfen bei der Orientierung.
- Jedes Interaktionselement sollte so dargestellt sein, dass für die Benutzerinnen und Benutzer Funktion und Arbeitsweise des Elements klar ersichtlich sind.

Applikationsmenü
immer sichtbar

Schwebende Navigation
für Navigationsebene
unter der Hauptnavigation

Karussell-Navigation
über mehrere Ansichten

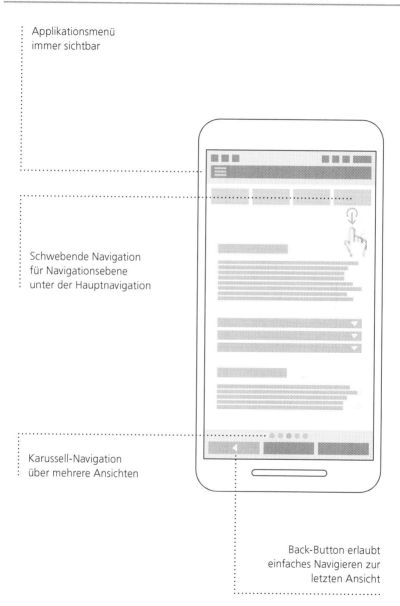

Back-Button erlaubt
einfaches Navigieren zur
letzten Ansicht

Abb. 3.3 Typische Navigationselemente einer mobilen Applikation

Themen	Empfehlungen und Anforderungen	Hinweise zur Umsetzung
Benutzerführung	Zustand und Zustandsänderungen der Applikation (nach einer Benutzeraktion oder einem Systemereignis) müssen klar erkennbar sein.	• Klare und eindeutige visuelle und akustische (von Benutzerinnen und Benutzern einstellbare) Feedbacks einbauen. • Bei speziellen oder unerwarteten Zustandsänderungen Vibrations-Feedback einbauen (von Benutzerinnen und Benutzern einstellbar), um die Aufmerksamkeit der Benutzerin oder des Benutzers zu gewinnen.
	Die Benutzerführung muss als solche klar erkennbar, konsistent, eindeutig und zielführend sein.	• Navigationselemente und Benutzerführung sollen sich durch mehrere klare Merkmale von den restlichen Interaktionselementen einer Ansicht abheben. • Es sollen immer Merkmale verwendet werden, die unterschiedliche Sinne ansprechen (optische, akustische und haptische Signale). • Keine nur optischen oder nur akustischen Merkmale (wie z. B. Buttons nur durch Farbe unterscheidbar).
Navigation	Das Navigationselement der obersten Navigationsebene soll jederzeit zugänglich und unabhängig von der aktuellen Ansicht einheitlich aufgebaut sein.	• Gleicher Ort. • Gleiche Funktionsweise. • Dem mentalen Modell des Benutzers / der Benutzerin entsprechend. • Allenfalls fixe Navigationsleiste am oberen Rand oder „schwebende" Navigation (die beim Herunterscrollen verschwindet und wieder sichtbar wird, wenn die Benutzerin oder der Benutzer hochscrollt) verwenden. • Vor allem beim Verwenden einer schwebenden Navigation immer eine Option einbauen, die es der Benutzerin oder dem Benutzer erlaubt, direkt ganz nach oben zu springen.

Themen	Empfehlungen und Anforderungen	Hinweise zur Umsetzung
	Die Navigationselemente sollen auch für Benutzerinnen und Benutzer mit Beeinträchtigungen bedienbar sein.	• Anzahl der Navigationselemente minimal halten. • Navigationselemente genügend gross gestalten, dass sie auf jedem mobilen Endgerät (mit den Fingern) bedienbar sind. • Mobile Betriebssysteme verfügen über assistierende Technologien wie Textvergrösserung und Screen Reader. Die Navigationselemente sollten diese unterstützen.
	Benutzerinnen und Benutzer sollen jederzeit intuitiv wissen, wo sie sich in der Applikation befinden und woher sie gekommen sind.	• Die Navigationsstruktur sollte breit, nicht tief verlaufen. Eine zu tiefe Navigation führt dazu, dass Nutzerinnen und Nutzer sich in der Applikation verlieren; sie erschwert so die Erstellung eines mentalen Modells. • Als Richtwert sollte eine Applikation nur eine Navigationsebene unter der Hauptnavigation anbieten.
	Die Funktionsweise der Navigationselemente muss auf allen Ansichten einheitlich und eindeutig sein.	• Frühe Festlegung der Navigation beim Design der Applikation und regelmässige Überprüfung mit zukünftigen Benutzerinnen und Benutzern.
	Navigationsrelevante Bedienungselemente wie Icons und Symbole müssen sich an bestehenden Standards orientieren sowie ausreichend gross und selbsterklärend sein.	• Einschlägige Styleguides konsultieren. Überprüfung der Erkennbarkeit der Icons, der Beschriftungsgrösse, des Kontrasts und der Funktion.

Themen	Empfehlungen und Anforderungen	Hinweise zur Umsetzung
	Unerwünschte Wechsel zu anderen Ansichten oder unbeabsichtigte Aktionen der Benutzerin oder des Benutzers sollen einfach rückgängig gemacht werden können.	• Die Funktionalität des Back-Buttons korrekt als „Zurück" implementieren und der Benutzerin oder dem Benutzer erlauben, auf die vorherige Ansicht der Applikation zurückzukehren. • Keinen applikationsinternen Back-Button verwenden, falls dieser bereits vom Betriebssystem bereitgestellt wird. • Konsistente Funktion des Back-Buttons über mehrere Screens.

3.3.4 Text und Sprache

Die Textgestaltung gliedert sich in eine inhaltliche und eine gestalterische Komponente. (Abb. 3.4) Die sinnvolle Kombination beider Aspekte fördert die Lesefreundlichkeit und Verständlichkeit.

Prinzipien

- Die Benutzerinnen und Benutzer müssen Texte inhaltlich nachvollziehen und verstehen können. Eine zu komplizierte Fachsprache ist zu vermeiden.
- Hinsichtlich der Textgestaltung ist auf Lesefreundlichkeit und Kompatibilität mit unterschiedlichen mobilen Endgeräten zu achten. Speziell ist der kleinere Bildschirm bei mobilen Endgeräten zu berücksichtigen.
- Hilfestellungen wie Textvergrösserungen und Alternativtexte sind willkommen, sollten aber das Layout und die Benutzerführung nicht beeinträchtigen.
- Komplementäre Farbkombinationen (im Farbkreis gegenüberliegende, Bsp. Rot/Grün) sollten vermieden werden. Auf einen ausreichenden Kontrast ist zu achten.

Pyramidenförmiges
Layout mit Überschrift,
Zusammenfassung und
nachfolgendem Volltext

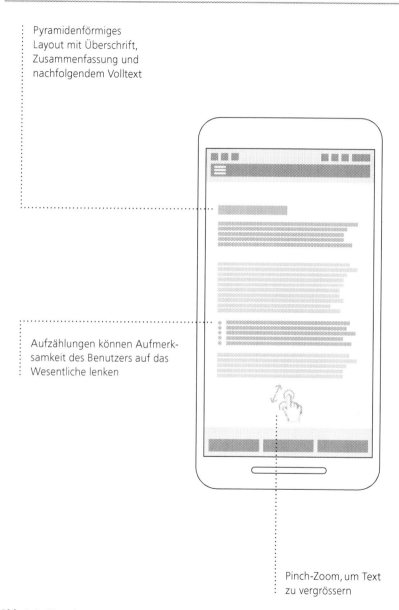

Aufzählungen können Aufmerk-
samkeit des Benutzers auf das
Wesentliche lenken

Pinch-Zoom, um Text
zu vergrössern

Abb. 3.4 Texte in einer mobilen App gut strukturieren

Themen	Empfehlungen und Anforderungen	Hinweise zur Umsetzung
Inhaltliche Komponente	Die Sprache soll generell leicht verständlich, konsistent und prägnant sein.	• Kurze Sätze, aktive Sprache, allgemeinverständliche Begriffe verwenden, Fremdwörter vermeiden.
	Die Sprache soll zielgruppenorientiert sein.	• Vermeiden von Fremdwörtern und Fachjargon ausserhalb der expliziten technischen Domäne der Zielgruppe. • Wenn die Applikation ein Glossar benötigt, ist dies ein klarer Hinweis für ungeeigneten Sprachgebrauch.
Gestalterische Komponente	Texte sollen gut lesbar sein.	• Vorzugsweise Standardschriftarten des mobilen Betriebssystems verwenden. • Wird eine eigene Schriftart verwendet, so ist eine Schriftgrösse zu verwenden, die den Minimalanforderungen der Style-Guidelines des jeweiligen Betriebssystem-Herstellers genügt (Minimum ist 12 Punkt. Die absolute Schriftgrösse ist abhängig von der Display-Auflösung).
	Pyramidenförmiges Layout verwenden.	• Übersichten oder Zusammenfassungen zuoberst aufführen, die Vollversion des Inhalts folgt danach.
	Überschriften sollen als solche klar erkennbar sein.	• Überschriften gliedern einen Fliesstext und machen ihn damit leichter lesbar. • Flache Titelhierarchie.
	Vom Betriebssystem angebotene Texthilfestellungen müssen von der Applikation voll unterstützt werden.	• Mobile Betriebssysteme verfügen über assistierende Technologien wie Textvergrösserung, Screen Reader oder Gestensteuerung. Diese sollten möglichst gut unterstützt werden.
	Für den Text soll eine Schriftvergrösserungsmöglichkeit zur Verfügung stehen, die ohne Verlust von Teilen des Inhalts und ohne Beeinträchtigung der Bedienung oder des Layouts funktioniert.	• Ist die Verwendung des Textvergrösserungswerkzeugs des Betriebssystems nicht möglich, so soll eine Vergrösserung um bis zu 200% von der mobilen Applikation zur Verfügung gestellt werden. • Dazu sollte eine einfache Möglichkeit angeboten werden, die Schriftgrösse zu verändern, z. B. mit Buttons oder Pinch-Zoom-Geste. • Inhalt darf die Vergrösserungsfunktion nicht behindern.

Themen	Empfehlungen und Anforderungen	Hinweise zur Umsetzung
	Die Schriftart muss auf dem Bildschirm gut lesbar sein.	• Wird meistens durch Übernahme der Betriebssystemeinstellungen garantiert. • Ansonsten Sans-Serif-Schriftarten (Grotesk) wie Arial oder Verdana statt Serif-Schriftarten wie Times New Roman einsetzen.
	Das Layout muss lesefreundlich sein.	• Linksbündigen Flattertext verwenden, längere Texte in Grossbuchstaben oder kursiver Schrift vermeiden. • Wo nötig oder angebracht, Aufzählungspunkte oder Kopfzeilen verwenden, um die Aufmerksamkeit der Benutzerinnen und Benutzer auf das Wesentliche des Inhalts zu lenken. • Rückwärtsreferenzen vermeiden.
	Text und Texthintergrund sollen genügend Kontrast aufweisen.	• Je kleiner die Schrift, desto grösser soll der Kontrast zwischen Schrift und Hintergrund sein. • Gemusterter Hintergrund ist zu vermeiden. Kontrast von Inhalt (Text und Bild) zu Hintergrund soll ein Verhältnis von mindestens 4,5:1 aufweisen.
	Komplementäre Farbkombinationen sind zu vermeiden.	• Keine Komplementärfarben direkt nebeneinander verwenden (z. B. Rot/Grün, Blau/Orange, Gelb/Violett).
	Farben sollten nicht dazu verwendet werden, um kritische Informationen darzustellen.	• Falls Farben verwendet werden, um Texte von Interaktions-Elementen zu unterscheiden, muss es noch mindestens eine andere Unterscheidungsmöglichkeit geben.

3.3.5   Grafiken, Animation und Multimedia

Grafiken und multimediale Inhalte können zusätzliche Informationen und Bedienungsmöglichkeiten bieten. (Abb. 3.5) Sie sollten aber nicht nur allein aus gestalterischen Überlegungen heraus verwendet werden, sondern die Benutzung der Applikation sinnvoll unterstützen. Ablenkende Animationen und Grafiken nehmen nicht nur wertvollen Bildschirmplatz weg, sondern stören auch die eigentliche Interaktion. Sie sollten darum, wenn immer möglich, vermieden werden. Das Verhältnis von inhaltlichen Elementen zu Grafiken und Animationen sollte ausgewogen und zweckdienlich sein.

Prinzipien

- Multimediale Inhalte sollen bewusst eingesetzt werden und den restlichen Inhalt unterstützen, nicht stören.
- Bei Grafiken und Animationen ist auf eine kontrastreiche Darstellung zu achten.
- Animationen und Multimedia-Inhalte sollen gut steuerbar sein und nicht automatisch als Hintergrundaktionen ausgeführt werden.
- Gerade bei mobilen Applikationen ist eine auf die jeweiligen mobilen Endgeräte ausgerichtete robuste und optimierte Darstellung von medialen Inhalten zu beachten.

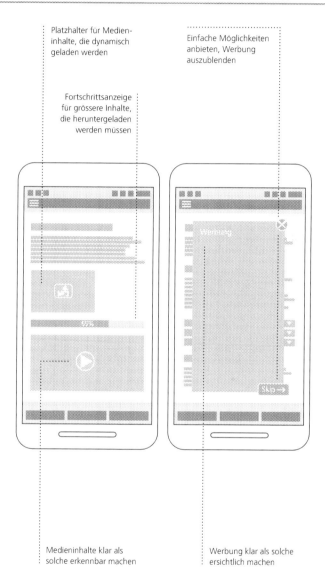

Abb. 3.5 Umgang mit Medieninhalten, grossen Dateien und Werbung in mobilen Applikationen

Themen	Empfehlungen und Anforderungen	Hinweise zur Umsetzung
Grafiken	Bild und Text sollen sinnvoll aufeinander abgestimmt sein.	• Textrelevante Bilder und Grafiken verwenden. Verzicht auf Bilder aus rein gestalterischen Gründen.
	Grafiken sollen ohne Qualitätsverlust skalierbar sein.	• Entweder Vektorgrafiken oder Bilder in verschiedenen Grössen verwenden.
	Icons und Buttons müssen ausreichend gross dargestellt sein.	• Empfohlene Standardgrössen gemäss einschlägigen Styleguides verwenden.
	Der Kontrast muss auch in Grafiken ausreichend sein.	• Der Kontrast von Grafiken/grafischen Bedienelementen sollte ausreichend sein. • Dasselbe gilt für Text innerhalb dieser Elemente. • Überprüfen mit einer Software, welche das Kontrastverhältnis misst.
	Grafiken zielorientiert (d. h. basierend auf dem Zielgerät) laden.	• Hochaufgelöste Grafiken nur herunterladen, wenn dies vom Endgerät und der mobilen Nutzung her auch Sinn macht (von der Grösse, Display-Auflösung und Internet-Bandbreite her).
Animationen	Rein kosmetische blinkende Elemente oder Animationen vermeiden.	• Auf rein kosmetische animierte Grafiken soll verzichtet werden.
Multimedia	Für Grafiken/Bilder und multimediale Elemente sind textliche Alternativen zur Verfügung zu stellen.	• Mobile Betriebssysteme verfügen über assistierende Technologien wie Vergrösserungswerkzeuge und Screen Reader. Die Applikation soll mit diesen kompatibel sein.
	Das Laden von Bildern darf nicht zu einem Verschieben von Textabschnitten führen.	• Falls nötig, gleich grosse Platzhalter für Bilder oder Videos verwenden, die dynamisch geladen werden.
	Auf Hintergrundmusik soll verzichtet werden, wenn diese nicht explizit zur Kernfunktionalität der Applikation gehört.	• Gut sichtbare Möglichkeit zum Ausschalten anbieten. • Weder Ton noch Videos sollten beim Öffnen automatisch starten.

Themen	Empfehlungen und Anforderungen	Hinweise zur Umsetzung
	Ladezeiten von multimedialen Inhalten sollen angezeigt werden.	• Bei längeren Ladezeiten Fortschritt anzeigen. • Dynamische Fortschrittsanzeige (z. B. Spinner) bei Aufgaben, die länger als eine Sekunde dauern. • Fortschrittsbalken verwenden bei Aufgaben, die länger als 5 Sekunden dauern. • Falls eine Aufgabe länger als 10 Sekunden dauert, zusätzlich eine Zeitschätzung angeben. • Ladevorgang muss jederzeit unterbrochen werden können.
	Inhalte zum Herunterladen sind als solche erkennbar zu machen und ausreichend zu beschreiben.	• Verwendung einer eindeutigen Symbolik für Downloads. Angaben von Format, Dateigrösse, eventuell Dauer in Minuten anzeigen.
Werbung	Werbung sollte nie aufdringlich und klar als solche erkennbar sein.	• Auf ablenkende Werbung, wenn möglich verzichten. • Falls nicht auf Werbung verzichtet werden kann, diese kontextgebunden einsetzen. • Werbeansichten kenntlich machen. • Werbung ausschaltbar machen und/oder auf eigene Ansicht verlegen.

3.3.6 Links

Links bieten die Möglichkeit, externe Informationen zu erschliessen. (Abb. 3.6) Bei der Verwendung von Links soll darauf geachtet werden, dass diese deutlich als solche erkennbar und selbsterklärend sind.

Prinzipien

• Links in einer Applikation sollen eindeutig als solche erkennbar sein – auch für Benutzerinnen und Benutzer mit Einschränkungen (z. B. Farbenblinde) – und innerhalb der gesamten Applikation einheitlich gekennzeichnet sein.
• Links müssen für Benutzerinnen und Benutzer, die auf Hilfestellungen angewiesen sind, zugänglich sein.

Inline-Link

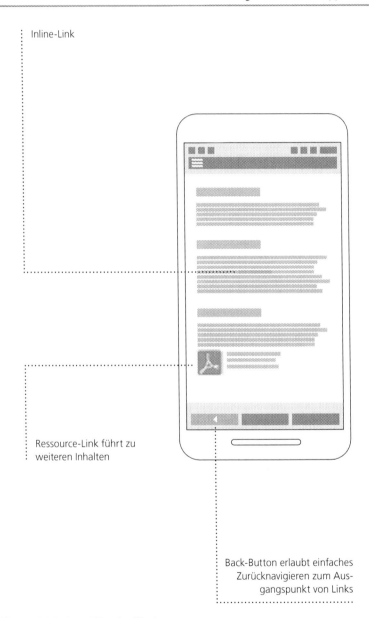

Ressource-Link führt zu
weiteren Inhalten

Back-Button erlaubt einfaches
Zurücknavigieren zum Aus-
gangspunkt von Links

Abb. 3.6 Links in mobilen Applikationen

Themen	Empfehlungen und Anforderungen	Hinweise zur Umsetzung
Links	Die Linkdarstellung und die Funktionsweise eines Links sollen innerhalb der Applikation einheitlich sein.	• Zum Beispiel durch einheitliche Farbgebung und Unterstreichung. Aktionsbeschreibende Links verwenden (erläutern, was durch Klick auf den Link passiert). Linknamen sollen immer auf das Ziel hinweisen (nicht: „Klicken Sie hier!").
	Hinweise auf Links müssen eindeutig beschrieben sein, auch für Benutzerinnen und Benutzer mit sensorischen Einschränkungen (z. B. Farbenblindheit).	• Besser objekt- oder formbezogene statt nur farbbezogener Beschreibungen verwenden, wie „klicken Sie auf den Kreis" statt „klicken Sie auf das violette Symbol". Generell mehrere Unterscheidungsmerkmale einsetzen. • Auch hier soll die Applikation mit assistierenden Technologien von mobilen Endgeräten wie Screen Reader kompatibel sein. Dazu müssen die Links mit entsprechenden Metainformationen versehen werden.
	Beim Nachfolgen von Links sollten Benutzerinnen und Benutzer der Applikation leicht wieder an den Ursprungsort zurückkehren können.	• Bei applikationsinternen Links muss die Funktionalität des Back-Buttons entsprechend implementiert werden. • Wenn möglich auf externe Links (solche, die von der Applikation wegführen) verzichten. • Bei externen Links sollten Benutzerinnen und Benutzer via Back-Button zur ursprünglichen Applikation zurückkehren können. • Alternativ können Weblinks direkt in der Applikation in einem integrierten Browserfenster geöffnet werden (sogenannte „Hybrid-Apps").

3.3.7 Suchen, Filtern, Sortieren

Die Suchfunktion erleichtert das Auffinden von Inhalten. (Abb. 3.7) Ältere Menschen geben oft an, dass für sie die Art und Weise des Suchvorgangs nicht transparent ist und die Reihenfolge der ihnen präsentierten Suchergebnisse wenig logisch erscheint. Es ist wichtig, dass sie diese Reihenfolge auf eine sinnvolle Art beeinflussen können. Ausserdem muss klar sein, wie die Suchresultate zustande kommen. Gut ist auch eine Möglichkeit, Suchresultate nach verschiedenen Kriterien zu filtern.

Prinzipien

- Eine gute Platzierung der Suchfelder ist ebenso notwendig wie die Transparenz bezüglich des Suchvorgangs. Eine Möglichkeit, die Suche durch weitere Kriterien zu verfeinern, wird geschätzt.
- Bei der Anzeige der Suchergebnisse kann das Angebot von Sortierungsmöglichkeiten (z. B. nach Datum, Ort oder anderen Kriterien) helfen, die Übersicht zu verbessern.

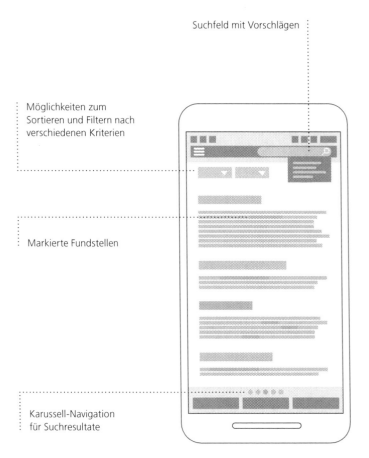

Suchfeld mit Vorschlägen

Möglichkeiten zum
Sortieren und Filtern nach
verschiedenen Kriterien

Markierte Fundstellen

Karussell-Navigation
für Suchresultate

Abb. 3.7   Suche und Suchresultate in mobilen Applikationen

Themen	Empfehlungen und Anforderungen	Hinweise zur Umsetzung
Suchfeld	Benutzerinnen und Benutzer müssen das Suchfeld oder das entsprechende Icon (Lupe) problemlos finden können.	• Muss allenfalls durch Usability-Tests während der Entwicklung getestet werden. • Übliche Platzierungen sind oben mittig oder oben rechts. • Wird das Suchfeld im Navigationsmenü platziert, sollte es ganz zuoberst erscheinen.
	Ein Suchfeld muss sofort als solches erkennbar sein.	• Einheitliche Suchfeldgestaltung auf allen Seiten. Evtl. Verwendung von Text- und eindeutigen Symbolmarkierungen wie z. B. eine Lupe.
Suchergebnisse	Es sollte klar beschrieben sein, nach welchen Kriterien gesucht werden kann, aber auch, wie die Suchergebnisse inhaltlich zustande kommen.	• Suchvorgang transparent machen (z. B., in welchem Bereich gesucht wird).
	Die Suchergebnisse sollen übersichtlich dargestellt werden.	• Suchergebnisse gruppieren und logische Zusammenhänge (z. B. verwandte Begriffe) abbilden.
	Es soll eine Möglichkeit geben, die Ergebnisse nach verschiedenen Kriterien zu sortieren und zu filtern.	• Verschiedene Sortier- und Filtermöglichkeiten anbieten. • Die Sortier- und Filtermöglichkeiten müssen möglichst einfach für die Benutzerinnen und Benutzer zugänglich sein. • Es muss auf den ersten Blick klar sein, nach was sortiert und gefiltert werden kann.

3.3.8   Beständigkeit und Robustheit

Ältere Menschen schätzen es insbesondere bei mobilen Applikationen, wenn die von ihnen regelmässig benutzten Applikationen ihr Aussehen möglichst nicht bzw. nicht abrupt ändern. (Abb. 3.8) Sie erwarten aber, dass die Inhalte aktuell sind. Aktuell gehaltene Inhalte weisen auf ein seriöses Angebot hin. Struktur und Präsentation der Applikation sollten möglichst stabil sein sowie robust bezüglich unterschiedlicher Hardware und Betriebssysteme.

Prinzipien

• Hinsichtlich Layout ist zwischen Aktualität und Beständigkeit abzuwägen. Dies betrifft natürlich nicht die Inhalte und Funktionalitäten, die aktuell gehalten werden müssen.

• Wichtig ist, dass die Benutzerinnen und Benutzer sich innerhalb der Applikation schnell zurechtfinden.

• Manche Benutzerinnen und Benutzer möchten mit verschiedensten mobilen Endgeräten die Funktionalität einer Applikation abrufen können. Diese sollten auf allen Geräten ähnlich aussehen und funktionieren.

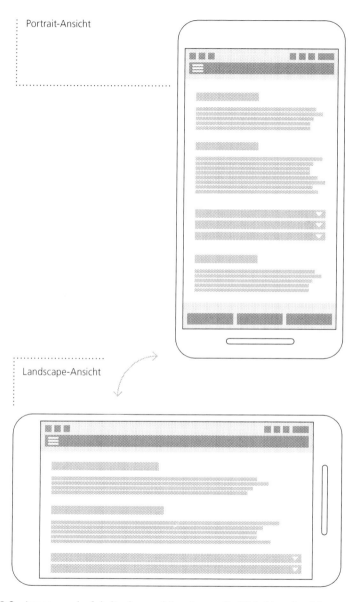

Abb. 3.8 Anpassung des Inhalts einer mobilen App an die Bildschirm-Ausrichtung

Themen	Empfehlungen und Anforderungen	Hinweise zur Umsetzung
Beständigkeit	Das Gesamtlayout der Applikation soll beständig sein.	• Das Einhalten von betriebssystemspezifischen Styleguides kann bei Aktualisierungen der Standards den Übergang erleichtern, da alle Applikationen gleichzeitig aktualisiert werden. • Layout von Applikationen möglichst nicht grundlegend verändern, um frühere Benutzerinnen und Benutzer nicht zu verlieren (Wiedererkennungswert). • Wenn Änderungen unvermeidbar sind, soll berücksichtigt werden, dass das der Applikation zugrunde liegende mentale Modell möglichst gleich bleibt.
Robustheit	Die Applikation muss kompatibel mit verschiedenen Endgeräten und robust gegenüber unterschiedlichen Displaygrössen sein.	• Gleiche oder analoge Darstellung und Funktionsweise auf allen Bildschirmgrössen der unterstützten Geräte (z. B. Tablets, Smartphones).
	Die Applikation muss in Hoch- und Querformat angezeigt werden können.	• Gleiche oder analoge Darstellung für verschiedene Display-Orientierungen verwenden (Portrait, Landscape), sodass die Applikation auch in einer fixen Position genutzt werden kann (z. B., wenn das mobile Endgerät an einem Rollstuhl montiert ist). • Der angezeigte Inhalt in den beiden Orientierungen sollte sich nicht wesentlich unterscheiden. Allenfalls können in Landscape zusätzliche Details angezeigt werden.

3.3.9 Hilfestellungen

Mobile Applikationen sind üblicherweise auf abgegrenzte, spezifische Funktionen spezialisiert und sollten grundsätzlich ohne zusätzliche Hilfe bedient werden können. Falls trotzdem Hilfestellungen eingebaut werden müssen, sollen diese die Benutzung der mobilen Applikation nicht beeinträchtigen. (Abb. 3.9) Es muss ausserdem klar ersichtlich sein, welche Teile zur Applikation gehören und welche Teile zur Hilfsfunktion. Des Weiteren darf die Benutzerin oder der Benutzer nicht mit Informationen „überflutet" werden (kontextbezogene Hilfen).

Prinzipien

- Grundsätzlich sind Hilfestellungen zu vermeiden, wenn sie nicht unbedingt nötig sind.
- Hilfestellungen dürfen für die Benutzerin oder den Benutzer nicht störend sein, dürfen die Funktionalität der Applikation nicht beeinträchtigen und müssen durch die Benutzerin oder den Benutzer ausschaltbar sein.

Kontexthilfe
mit klarer Abhebung des
Hintergrundes von der
Applikation

Tutorial beim erstmaligen
Starten der App

Möglichkeit zum
Überspringen des Tutorials

Pop-ups beim erst-
maligen Verwenden, um
Benutzer auf Funktionen
aufmerksam zu machen

Abb. 3.9 Hilfestellungen in mobilen Applikationen

Themen	Empfehlungen und Anforderungen	Hinweise zur Umsetzung
Hilfetexte	Die Applikation soll selbsterklärend sein und nur falls nötig Hilfetexte anbieten.	• Applikation soll ohne Hilfestellung bedienbar sein. • Falls nötig, ermöglichen Hilfetexte das bessere Zurechtfinden in der Applikation. • Diese erklären z. B. Funktionen, Symbole oder Gesten. • Es sollten nur Tipps gegeben werden, die nicht offensichtlich oder allgemein bekannt sind.
Hilfestellungen	Die angebotenen Hilfestellungen und Symboliken einer Applikation sollen klar ersichtlich und möglichst selbsterklärend sein und bei Bedarf zusätzlich erläutert werden.	• Konsistente Verwendung von eindeutigen Symbolen und Begriffen in der gesamten Applikation. • Direktes Kontaktformular oder Weiterleitung zum E-Mail-Programm, um schnell den Hersteller kontaktieren zu können.
	Hilfestellungen müssen klar als solche erkennbar sein.	• Den Hintergrund der Layout-Elemente der Hilfestellungen vom Hintergrund der Applikation abheben.
	Kontextsensitive Informationen können hilfreich sein.	• Kontextsensitive Informationen sind ein guter Weg, um die Benutzerin oder den Benutzer Schritt für Schritt auf Funktionen der Applikation aufmerksam zu machen. • Hinweise sollten immer nur dann erscheinen, wenn sie mit der momentanen Tätigkeit der Benutzerin oder des Benutzers in Zusammenhang stehen.
	Hilfestellungen dürfen die Funktion der Applikation und die Bedienung der Benutzerin oder des Benutzers nicht beeinträchtigen.	• Hilfestellungen sollen mit einer Option ein- und ausgeschaltet werden können. • Wird von der Applikation ein Tutorial bereitgestellt, soll dieses von der Benutzerin oder vom Benutzer übersprungen werden können.

3.3.10 Registrierung und Formulare

Registrierungen und Eingabeformulare erfordern eine selbsterklärende und unterstützende Gestaltung. (Abb. 3.9) Sinn und Nutzen der Dateneingabe sollten den Benutzerinnen und Benutzern unmittelbar einleuchten. Hinsichtlich Datenschutz muss erkennbar sein bzw. erläutert werden, wenn Datenverwendung, -archivierung oder -zugriff durch Dritte erfolgen.

Prinzipien

- Bei der Eingabe von persönlichen Daten müssen Sinn und Zweck ersichtlich sein.
- Einschränkungen der Sinnesorgane und langsamere Reaktionszeiten sollten bei Formularen berücksichtigt werden.
- Die Dateneingabe sollte durch ein Feedbacksystem unterstützt werden, damit allfällige Fehler sofort erkannt werden und die Benutzerinnen und Benutzer durch die Formulare gut geführt werden.

Schritte der
Formulareingabe

Labels über den
Formularelementen

Markierung von
Pflichtfeldern

Markierung von Falscheingaben
und Hinweise zur Korrektur

Submit-Button

Abb. 3.10 Formulare in mobilen Applikationen

Themen	Empfehlungen und Anforderungen	Hinweise zur Umsetzung
Registrierung	Die Registrierung soll für die Benutzerinnen und Benutzer nachvollziehbar und selbsterklärend sein.	• Auf unnötige Registrierungen ist zu verzichten. • Ist eine Registrierung notwendig, so soll diese selbsterklärend, verständlich und benutzerfreundlich gestaltet sein. • Die Notwendigkeit einer Registrierung sollte transparent erläutert werden. Nur unbedingt notwendige Angaben verlangen.
Formulare	Formulare sind selbsterklärend und eindeutig zu gestalten.	• Die Eingabemaske ist ausreichend gross und verständlich zu gestalten. • Pflichtfelder sind eindeutig zu markieren. • Auch was optional ist, sollte als solches markiert sein. • Das aktuelle Feld muss bei Eingabeformularen klar erkennbar sein. • Bei Passwortfeldern sollte eine Option angeboten werden, das Passwort in Klartext anzuzeigen. • Keine Informationen abfragen, die der App schon bekannt oder aus den bisherigen Eingaben herleitbar sind.
	Die Fehlerbehandlung bei Formularen soll einfach verständlich und benutzerfreundlich sein.	• Fehlerhafte oder fehlende Eingaben in den Formularen sollten klar markiert und die Möglichkeit zur Korrektur leicht und ohne Verlust von bisher eingegebenen Daten angeboten werden. • Passwort- und E-Mail-Adress-Wiederholungen sind zu vermeiden. Allenfalls können die entsprechenden Werte der Benutzerin oder dem Benutzer zur Bestätigung nochmals angezeigt werden. • Hinweise, wie die Benutzerin oder der Benutzer seine/ihre Eingabe korrigieren kann, müssen klar sichtbar sein und permanent angezeigt werden, bis der Fehler behoben ist (keine Pop-ups oder Toasts verwenden), sodass die Benutzerin oder der Benutzer sich nicht erinnern muss, was der Fehler war.

Themen	Empfehlungen und Anforderungen	Hinweise zur Umsetzung
	Die Zeit für die Eingabe von Informationen muss ausreichend bemessen werden.	• Die von der mobilen Applikation gesetzten Zeitlimiten sollten grosszügig sein und angepasst werden können. • Bei umfangreicheren Formulareingaben sollte die Möglichkeit bestehen, die Eingabe zu unterbrechen, ohne dass dabei alle bereits eingegebenen Daten verloren gehen.
	Die korrekte Dateneingabe soll ohne zusätzliches Vorwissen möglich sein.	• Werden Benutzereingaben in einem bestimmten Format verlangt, müssen klare Hinweise zum Eingabeformat angegeben (Beispieleingaben) und Fehler umgehend rückgemeldet werden. • Falls möglich, das Tastaturlayout auf das verlangte Datenformat anpassen (z. B. bei einem Feld für Postleitzahlen nur Zahlen auf der Tastatur anzeigen).
	Textfelder und Formularfelder sind genügend gross zu gestalten.	• Falls eine Maximallänge der Eingabe vorgängig bekannt ist, Textfelder entsprechend gross gestalten, um vertikales Scrollen im Formularfeld zu vermeiden. • Label-Elemente über und nicht neben Form-Elementen anbringen, um horizontales Scrollen zu vermeiden. • Label auch nicht innerhalb der Form-Elemente anbringen, da sie bei Touch-Interaktion verdeckt werden und bei Beginn der Eingabe sofort verschwinden.

Themen	Empfehlungen und Anforderungen	Hinweise zur Umsetzung
Datenschutz	Den Benutzerinnen und Benutzern muss klar kommuniziert werden, wie, wofür und durch wen eingegebene und weitere von der Applikation ausgelesene Daten verwendet werden.	• Grundsätzlich sollten möglichst wenige persönliche Daten von den Benutzerinnen und Benutzern abgefragt werden. • Der Hinweis zum Datenschutz muss einmalig, aber unterbrechend und unausweichlich sein (es braucht eine Benutzerinteraktion, um fortfahren zu können). • Klare Hinweise, falls die Applikation auf weitere Informationen auf dem mobilen Endgerät zugreift (Dateien, Sensoren, Location, …). • Möglichkeit, solche Zugriffe einzeln zu unterbinden.
Standort	Wird eine Standorteingabe verlangt, sollte die Benutzerin oder der Benutzer eine Wahlmöglichkeit haben.	• Bei einer Standortangabe immer zwei Möglichkeiten anbieten: eine automatisch vom mobilen Endgerät determinierte (durch GPS, Mobilnetz, Access Points, etc.) und eine vom User bestimmte.

Fazit und Umsetzung 4

Um bei der schnell zunehmenden Digitalisierung des Alltags die Generation 65plus nicht zu verlieren, sondern miteinzubeziehen, ist es wichtig, alle digitalen Kanäle altersgerecht zu gestalten.

Die benutzerfreundliche Webgestaltung ist ein wichtiger Grundpfeiler für ein altersgerechtes Internet heute und auch in Zukunft. Von den erleichterten Zugängen durch die in diesem Buch vorgestellten Gestaltungsempfehlungen profitieren nicht nur ältere Menschen, die das Internet für sich entdecken, sondern auch Ältere, die durch sukzessive Einschränkungen in der Nutzung mehr und mehr behindert werden. Von einer altersgerechten Webgestaltung profitieren alle Benutzerinnen und Benutzer durch die übersichtlicheren und benutzerfreundlicheren Webseiten. Deshalb sollte auch auf eine Etikettierung „speziell für die Alten" verzichtet werden. Vielmehr sind solche Webseiten Ausdruck eines Universal-Designs, das alle Nutzergruppen gleichermassen miteinbezieht.

Die altersgerechte Gestaltung mobiler Applikationen ist ein zweiter zentraler Aspekt der altersgerechten Digitalisierung. Eine einfachere Interaktion mit mobilen Applikationen erschliessen diesen nicht nur die immer wichtiger werdende Generation 65plus, es profitieren auch alle jüngeren Benutzerinnen und Benutzer. Auf eine Etikettierung «Applikation speziell für ältere Menschen» sollte deshalb auch hier normalerweise verzichtet werden, da sie die Benutzer abschrecken kann.

Die hier vorgestellten Empfehlungen sind eine Zusammenfassung aus der Erfahrung verschiedener Expertinnen und Experten, aus Desk-Research und vor allem aus direkten Gesprächen mit älteren Benutzerinnen und Benutzern. Es hat sich gezeigt, dass für ältere Benutzerinnen und Benutzer vor allem wichtig ist, dass ihre Applikationen und die von ihnen benutzten Webseiten übersichtlich und gut verständlich gestaltet, zudem gut lesbar, sicher und einfach und effizient zu bedienen sind.

© Der/die Autor(en), exklusiv lizenziert durch Springer Fachmedien Wiesbaden GmbH, ein Teil von Springer Nature 2021
A. Darvishy et al., *Altersgerechte digitale Kanäle*, essentials,
https://doi.org/10.1007/978-3-658-35501-2_4

Die Empfehlungen und die Checklisten in diesem Buch können sowohl von Auftraggeberinnen und Auftraggebern als auch von Fachleuten in der Applikationsentwicklung und im Webseitendesign verwendet werden. Sie vermitteln Anhaltspunkte, wie mobile Applikationen und Webseiten gestaltet werden sollten, damit auch ältere Menschen daraus den grössten Nutzen ziehen können. Wichtig ist es, die Empfehlungen von Beginn bis zum Ende der Entwicklung einer Webseite oder einer mobilen Applikation zu beachten. Die Gestaltung und die Funktionalität eines digitalen Kanals sollten regelmässig mit Hilfe von Usability-Tests mit realen Usern überprüft und optimiert werden. Dies gilt auch bei späteren Updates. Die frühzeitige partizipative Beteiligung älterer Benutzerinnen und Benutzer hilft, spezifische Problembereiche für ältere Menschen in der Applikation und in einem Webauftritt zu identifizieren und frühzeitig zu berücksichtigen.

Die hier aufgeführten Empfehlungen sind bewusst allgemein formuliert, damit sie auf verschiedene Anwendungskontexte und technologische Umgebungen angewandt werden können. Sie erheben nicht den Anspruch auf Vollständigkeit, da die voranschreitende technologische Entwicklung und Digitalisierung des Alltags nicht nur für ältere Menschen immer wieder neue Herausforderungen an die Zugänglichkeit stellt.

Was Sie aus diesem *essential* mitnehmen können

- Alle Benutzerinnen und Benutzer profitieren von altersgerechter Gestaltung von Webseiten und mobilen Applikationen. Auf eine Etikettierung „speziell für die Alten" sollte verzichtet werden.
- Wichtige Aspekte einer altersgerechten Gestaltung sind folgende: Übersichtlichkeit, verständliche Gestaltung, gute Lesbarkeit, sichere, einfache und effiziente Bedienung.
- Usability-Tests spielen eine zentrale Rolle für altersgerechte Gestaltung von digitalen Kanälen und sollten von Beginn an beachtet werden.

© Der/die Herausgeber bzw. der/die Autor(en), exklusiv lizenziert durch Springer Fachmedien Wiesbaden GmbH, ein Teil von Springer Nature 2021
A. Darvishy et al., *Altersgerechte digitale Kanäle*, essentials,
https://doi.org/10.1007/978-3-658-35501-2

Impressum

Herausgeber und Autoren
Prof. Dr. Alireza Darvishy (alireza.darvishy@zhaw.ch)
Prof. Dr. Hans-Peter Hutter (hans-peter.hutter@zhaw.ch)
ICT-Accessibility Lab
InIT Institut für angewandte Informationstechnologie/ZHAW
Technikumstrasse 9, 8401 Winterthur

Mitautor
Dr. Alexander Seifert (alexander.seifert@fhnw.ch)
Fachhochschule Nordwestschweiz FHNW und Universität Zürich

Fachliche und redaktionelle Beratung und Mitarbeit
Prof. Dr. Carl August Zehnder (em. Prof. ETH Zürich)
Hans Rudolf Schelling (ZfG UZH)
Jutta Croll (Stiftung Digitale Chancen)
Susanne Nieke (ZfG UZH)
Janina Fella (ZfG UZH)
Dr. Henrik Stormer (ZHAW)
Dr. Gerrit Burkert (ZHAW)
Stephan Roth (ZHAW)
Severin Münger (ETH/ZHAW)
Oriane Pierrès (ZHAW)

Korrektorat
Ruth Flückiger

© Der/die Herausgeber bzw. der/die Autor(en), exklusiv lizenziert durch
Springer Fachmedien Wiesbaden GmbH, ein Teil von Springer Nature 2021
A. Darvishy et al., *Altersgerechte digitale Kanäle*, essentials,
https://doi.org/10.1007/978-3-658-35501-2

87

Printed in the United States
by Baker & Taylor Publisher Services